大数据微营销

刘晓东◎著

大数据时代下的微营销革命

中国财富出版社

图书在版编目（CIP）数据

大数据 微营销：大数据时代下的微营销革命 / 刘晓东著 .—北京：中国财富出版社，2015.10

（华夏智库 · 金牌培训师书系）

ISBN 978－7－5047－5804－0

Ⅰ. ①大… Ⅱ. ①刘… Ⅲ. ①网络营销 Ⅳ. ①F713.36

中国版本图书馆 CIP 数据核字（2015）第 162803 号

策划编辑 范虹轶 **责任编辑** 邢有涛 单元花

责任印制 方朋远 **责任校对** 饶莉莉 **责任发行** 邢有涛

出版发行 中国财富出版社

社 址 北京市丰台区南四环西路 188 号 5 区 20 楼 **邮政编码** 100070

电 话 010－52227568（发行部） 010－52227588 转 307（总编室）

010－68589540（读者服务部） 010－52227588 转 305（质检部）

网 址 http://www.cfpress.com.cn

经 销 新华书店

印 刷 北京京都六环印刷厂

书 号 ISBN 978－7－5047－5804－0/F · 2430

开 本 710mm × 1000mm 1/16 **版 次** 2015 年 10 月第 1 版

印 张 12 **印 次** 2015 年 10 月第 1 次印刷

字 数 161 千字 **定 价** 35.00 元

谨以此书献给我最亲爱的爸妈，以此书为他们的钻石婚做纪念，祝福他们六十年历久弥坚的爱情，感激他们为把六个儿子培养成才所付出的无私而伟大的爱！

自 序

最好的道路是探索前进和快速迭代

很庆幸自己出生在一个中国经济急速发展的时代，并有幸深度参与市场营销及企业全面管理工作20多年。想起当年拎着产品去一家一家企业推销，现在在朋友圈就可以生动地晒出你的产品；想起当年全国各地飞个不停地去检查产品市场陈列，现在可以随时用手机了解全国每个地方、每个业务员的工作成果……新科技，特别是移动互联网带来的变革，不得不让你要停下来思考企业如何去革新，思考企业如何去迎接移动互联网及大数据的浪潮。

随着这几年中国新经济模式的飞速发展，特别是近两年移动互联网的应用，企业经营现在已经进入一个陌生的环境，传统的经营者面对新经营环境变得惊慌失措。本来，这些大工业时代走过来的企业家和领导者具有极强的组织能力，他们能够将成千上万人成功地组织在一起，生产出标准质量的产品，这是了不起的个人成就。他们指望这样的模式能够让企业长命百岁，可是，命运在时代的裹挟之下，经营模式在发生颠覆性地翻转。静态的经营环境已经完全不存在，市场再也没有一处“桃花源”，产品乃至生产产品的商业模式，都在被新的体系快速地迭代。工业时代的成功故事，在这个移动互联时代讲起来却已经泛黄了。

现在的企业成功已经不能泛化，每一个企业的成功都是个性化的，他们都有自己独特的道路，不要指望工业时代的思维能够继续挽救一家曾经成功的企业。在以前，复制和跟随是最好的经验，但是新时代的成功却都是全网最优资源的组合。即使你做成了和奔驰外形一样的车，也成不了奔驰。因为奔驰的战略资产在用户的心中，而不是在原来的工厂之内。这些在工业时代能够继续存活下来的企业，在过去的几十年里都在企业的围墙之外建立了数量庞大的资产。这些资产是虚拟的，在企业之外，有一个遍布全球的用户社区。

在互联网向移动互联网转变的过程中，“万物智能”的概念已经被提了出来。一切能够联网的人和物都会被纳入一个互联网计算体系中，即将到来的时代是真正的大数据时代。企业每一个用户和产品在全程中的使用信息和体验信息都会反馈给企业，让企业在分析和深度挖掘数据的过程中找到新的机会。这样的经营环境依赖于营销技术化，对于传统的营销者来说，对营销技术化的过程会有天然的抗拒感，因为这意味着几十年来积累的营销经验，包括酒桌上的经验、暗地里堵门送红包的营销技巧失灵了。也许，对于大部分不是互联网原住民的企业家来说，改变是一个痛苦但是不得不为的事情。

现在的企业经营哲学已经不是如何继续保持自己企业的独立性，而是如何利用好互联网资源的开放性，和企业外的资源要素紧紧地纠缠在一起。不仅仅是营销，尽管经营者总是张口闭口谈营销，事实上，互联网和移动互联网革命改变了一切。企业一切资源要素都在互联网上组织起来，变成配对的游戏，人们在网络上碰撞和对话，在社区里建立新的社交关系，技术工程师、产品经理、资本、设计者在互联网上结合起来，完成新的互联网产品的创造和交付。在互联网上，向客户交付产品是网络营销的全部过程，但是在这之前需要创造 360 度无死角的产品体验。

微信是一个伟大的工具，也许，在微信之后，还会有迭代微信体系的市场力量，但是我们需要看到，微信所带来的营销变革，更多的是一种思维。在微信营销中学到的系统方法，能够运用到企业的日常管理工作中，利用互联网来重新配置企业的经营资源，让企业在架构层面能够保持时代性。工具在可预见的将来会被迭代和升级，但是互联网思维却能够让企业在下一轮创业和营销中取得成功。

传统营销不是没有机会，只是已经难以创造奇迹，传统营销方式需要在今后数年内接受互联网营销的洗礼。即使在垄断企业中，营销体系也要接受互联网价格和营销模式的挑战，经验归零对于任何人来说，都是一个新的挑战。但是归零以后，正如凤凰涅槃一般，新的价值体系就会在互联网平台上生长出来。对于未来，营销都是在无路的地方行走，而敢于做领先者，则一定需要内心勇敢，只有具备足够自信的人才敢于去探索、前进。

移动互联网营销已经进入了大数据时代，企业和用户之间几乎是直接交易的，不再需要太多中间渠道商。人与人之间的距离，最远的距离就在两块屏幕之间，人们在屏幕两端的交易行为会变得与以往不同。这就要求营销人必须和用户紧紧地抱在一起，了解他们的想法，帮助他们去实现自己的愿望。和用户一起创造价值，是未来主义的商业模式。你的产品就是用户参与创造的产品。

经营企业从来没有变得像今天这么复杂，经营企业跟一场总统竞选的方式太像了，不过用户的钱就是选票。互联网的逻辑就是在互联网中，用户只选择他们认为最优的产品和最优的服务，因为互联网改变了地理限制，改变了人与人之间的距离。

营销和企业经营已经变成了复杂系统，因为这个时代已经不是单线发展的时代，这个时代企业发展的规律就是多线程、多核的计算和缠绕的结构。面对如此复杂的运营系统，我们在做营销的时候，记住两点哲学性的思考也许有用：单一的解决方案都有局限性，综合解决方案都优于单一的解决方案。这让我们在面对复杂事物的时候，会将所有能够使用的工具都用上，而整合这些工具和人才资源，则是新的领导者未来要做的事情。

本书是我作为一个营销人和企业管理者关于大数据和微营销的一点思考，希望本书能够抛砖引玉，让我们共同为这个不断创新的社会喝彩。

刘晓东
2015 年 2 月 6 日

前　言

《哈佛商业评论》曾发表这样一篇文章，标题为《传统营销已死》。文章指出，在大数据时代，传统的广告宣传、公共关系、品牌管理，还有企业传媒等营销手段已经失效：或许有些企业还未意识到这一点，但实际上很多传统的营销架构只剩下躯壳。那些基于同伴影响力和社区导向的新型营销手段，将在企业营销中发挥重要作用。

可以说，这篇文章的观点在营销界引起了轩然大波。在这个大数据时代，人们的一举一动都会形成庞大的数据，企业可以通过这些大数据，对消费者进行充分的了解和定位。另外，企业与消费者的互动交流，不但可以形成大数据，最重要的是可以形成口碑传播，从而形成病毒式营销。传统营销的那种广撒网的方式，显然不具有这样的优势，只有对这个时代有充分的了解，采用新兴营销的方式，利用诱人的诱饵，才能把“鱼儿”吸引到一处，形成最密集的“鱼群”，再将网撒到最密集的聚集地，自然收获颇丰。

引起这场洪涛大浪的，必定是营销手段、营销模式的巨大变革，这次巨大变革所带来的新型营销方式，便是微营销。

微营销看似不是主流营销战场，但是逐渐地，在其中弥漫起的烽火硝烟足以与电视广告等主流媒介相媲美，甚至犹有过之，很多商家这时才意识到微营销所能带来的价值与影响力，纷纷加入，下海捞金。

我们不妨看一下小米手机的营销案例，小米手机经过短短两年的发展，一跃成为全球仅次于苹果和三星的第三大品牌手机，市值高达40亿美元，并创下半小时内10万部的库存一抢而空的纪录，小米采用的魔法营销术，正是微营销。

它之所以能够成功，与它所具备的三个特点密不可分：

首先，微营销营销零费用；

其次，微营销渠道零费用；

最后，微营销预购模式零库存。

试想，传统的营销模式，又怎么可能做到这三个“零”呢？过去一些大型手机厂家，每年花的营销广告费用高达数亿元，很多企业出现资金流的断裂问题，其中一个重要的原因就是广告支出比例失衡。现在是一个显著的社交经济时代，移动互联网无处不在，难以想象的口碑传播可以使你的用户呈现几何式增长，小米手机正是使用这种营销方式，聚集起了大批粉丝，从而转化为忠实用户，并将自己的用户转化为自己的超级推销员，不用费巨资，便可以大规模地宣传产品。近年来，不少企业和商家在微博、微信上走红，继而转化为大量的订单，便是明证。

但是，不是每一个商家都能很快适应微营销模式的——不通过正确的途径，不了解微营销潜在的秘密，很难以最小的代价换取最大的利益。如今已不是20世纪七八十年代那种带着微薄的身家和一股子冲劲就能闯出一片天地的时代，只有了解微营销市场的规律，抓住它、利用它，才能如鱼得水。

本书首先对营销的背景时代进行综合的阐述，提出只有微营销才是当下时代最科学、最有效的方法，并对微营销的各种策略进行详细的阐述，最后的几个实施方法也一定会给微营销的探寻者们指引正确的方

向，尤其是每个实施方法后面我们都引述了一些企业采用微营销成功的案例。希望榜样的力量以及他们的经验教训，对于初试微营销的我们有所借鉴；希望本书能为新时代的商家们的企业营销模式添砖加瓦。

刘晓东

2015 年 2 月

目录 Contents

大数据 微营销

大数据时代下的微营销革命

上 篇 微营销进入大数据时代

下　篇　微营销的实施

上篇
微营销进入
大数据时代

大 数 据 微 营 销

大 数 据 时 代 下 的 微 营 销 革 命

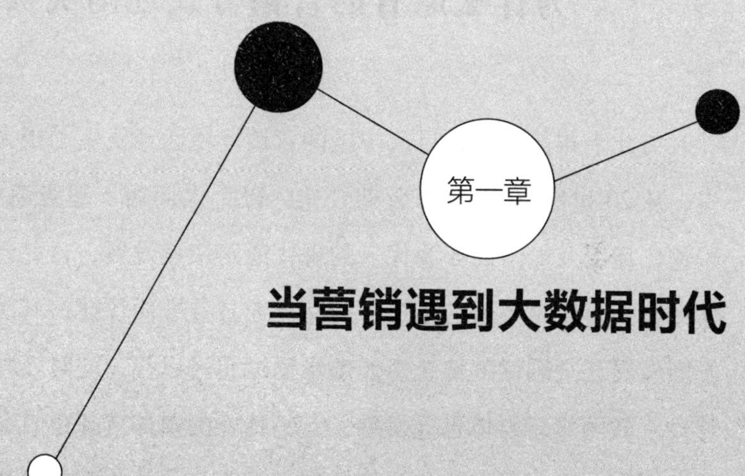

当营销遇到大数据时代

为什么原有的营销方式逐渐失灵

与几十年前相比，目前中国的营销环境已经发生了很大的变化，首先，从20世纪90年代中后期开始，以个人商店、超级商店、大卖场、购物广场以及电子商务为代表的现代通路快速发展，目前已经成为渠道体系尤其是城市渠道的主流，商品流通日益方便快捷；其次，媒体市场不断发展，全国性的传统媒体数量远远超过以往，同时互联网，尤其是移动互联网等新媒体迅速发展，营销传媒的媒体选择也日益多样化；最后，广告、市场研究、公关、管理咨询等与营销相关的市场服务快速发展，企业营销决策可以借助的信息和智力帮助越来越多。

虽然形势大好，但并不意味着今天的中国市场进行营销变得越来越容易，在现在市场上进行营销决策，其复杂程度超过以往任何时候，很多传统的营销方式都面临失效的困境，大批营销人往往自嘲，在业绩压力下，这是在刀尖上跳舞。

“大数据时代来了，营销找不到北了。”这确实是目前很多营销人员的困扰。随着消费主力的转移，新生的消费大军更加习惯于在互联网上完成一切的活动。传统的广告和营销方式对他们的影响力在逐渐地下降，他们追逐着自己喜欢的对象，而朋友和他人的评论对他们的购买决策的影响变得越来越大，以往建立的客户忠诚度的大厦常常会因为一句负面的评论就瞬间坍塌。

在传统的营销模式中，制造商生产出产品后，往往通过制造商到批发商然后再到零售商最后到达消费者手里的营销渠道对外销售产品，产品一般需要经历好几个环节才能到达消费者手中，这样冗长的供应链不仅降低了产品的时效性，而且增加了产品的成本。

传统营销是一种交易营销，也就是强调将尽可能多的产品和服务提供给尽可能多的顾客，由于多年的积累模式，使得消费者对其产生了依赖感和习惯性，但是由于互联网时代的到来，尤其是大数据时代的到来，消费主流群体的改变，这种营销方式也逐渐失效。

我们先来看看目前企业营销人员的心头都有哪些痛。

第一，营销核心的受众发生“质”的变化。

我国市场消费阶层的购买力分为金领阶层、白领阶层、灰领阶层、蓝领阶层和无领阶层。从消费趋势的角度看，真正领导消费趋势的是白领阶层、金领阶层。这两个阶层一般是25～45岁，大专以上学历，个人月收入在3000元以上的人群，近日发布的《2014年全球社交、数字和移动》报告显示，中国有13.5亿人口，城市人口比例为51%，其中互联网网民比例为44%，中国手机设备持有量超12亿台，调查结果表明，都市白领和金领正逐渐成为互联网用户的中坚力量，网络已成为他们工作、生活不可或缺的工具。这些人群正是营销的核心受众，他们普遍具有收入较高、购买力强、消费需求旺盛的特点。由于大众的生活方式改变，由传统媒体向网络媒体“漂移”，优质的核心用户向网络媒体“集结”时，基于传统媒体的传统营销效果便会大打折扣，甚至是逐渐失效。

第二，消费者行为模式的改变，购买决策流程的改变，让以往的营销管理流程，对于潜在销售机会的把握，变得更加困难。研究已经证实买家的决定跟传统营销沟通基本上没有任何关联，消费者通常用自己的一套路子来获取产品和服务信息，其中最常用的是网络，当然还有企业之外的信息来源，比如人们的口头表述或者是客户反馈。

第三，互联网让市场更加广阔，价格也变得透明，竞争也变得激烈，在企业运营中不断“成本控制”的高压下，营销的预算也成为营销人员的痛。人们都说 CEO（首席执行官）们已经没那么多耐心。根据 2011 年伦敦 Fournaise Marketing Group（营销集团）对 600 名 CEO 和决策者的调查显示，73% 的人认为他们的 CMO（首席营销官）缺乏商业信誉更重要的是无法驱动收入增长，72% 称很多人只是嚷嚷着要钱但却无法解释这些投入如何带来新增收入，77% 的人表示他们天天跟你谈品牌资产和其他类似的东西，但他们却无法将这些工作与真正的市场估值或是其他重要的金融指标联系起来。又要马儿跑，又要马儿不吃草，极高的 ROI（投资回报率）考核让很多营销人员都觉得崩溃。

第四，社交媒体、电子营销的出现，让很多企业专门划归出一些新兴针对客户的服务部门，来尝试新事物。因此，面对同样的客户，同样客户的各种反馈被把持在不同的部门中，不同的营销部门之间就会出现在企业资源、客户信息上的竞争。企业的营销人员确实有点内忧外患。相应地，这种内耗和无序也带来企业整体运营成本的上升，而利润却未见提升。

第五，我们要讲，在日益发展的社交媒体环境中，传统营销不仅起不到作用却也没有意义。你雇用的多个员工，但是他们并不是买家，不能站在另一方来看待事情，利益和买家是完全相反的，所以在社会媒体的世界里，传统媒体已经失效。所以当今的局势就是这样，传统营销策略已经失效，取而代之的是更多有创意的、符合现代环境理念的、跟得上科技的模式。

无销不赢，出路究竟在哪儿

企业的营销能力是企业赢利的根本保证。如果对产品和服务的需求不能满足，那么财务、运营、会计和其他方面的一切努力都将是虚无缥缈的东西，企业毕竟是以赢利为目的的组织，只有有了足够的需求，企业才能真正地获得利润，而市场营销又是促成需求最直接的手段，所以很多企业都会设立首席营销官，其地位相当于首席执行官和首席财务官等。

在阐明企业的经营重点时，许多企业的首席执行官都强调了营销的重要性，比如，2006 年，在全世界范围内对 CEO 需要面对的十大挑战进行了一项调查。该项调查结果显示：在排在前五位的挑战中，持续与稳定的成长、顾客忠诚/挽留拔得头筹最受关注，而这两者都在很大程度上依赖于市场营销方面的成就。同时，很多 CEO 也都意识到市场营销对于构建品牌和赢得顾客忠诚的重要性。这是因为这些无形的资产，在企业价值中占据了巨大部分比重。

然而，随着移动互联网大数据时代的到来，人们的生产生活购物方式、媒体环境等发生了巨大的变化，使得原有的营销方式逐渐失灵，在这个无销不赢的时代，营销作为企业一种最大的无形资产的大前提下，我们势必要首先找到适合这个时代的新的营销方式。

当前是一个什么样的时代?

几十年前，当人们提到“大数据”，还认为是十分专业的词汇。时至今日，他早已经渗透到我们生活中的方方面面，人们在日常生活中收发邮件和短信、录像、撰写文稿、计算机绘图及编程等，我们每天都在源源不断地产生大量数据。全人类一年产生的数据量以及它的增长速度大得惊人，全球著名咨询机构 IDC（国际文献资料中心）在 2006 年估计全世界产生数据为 0.18ZB，而截至 2011 年这个数字达到 1.8ZB，这就相当于全世界每个人一起用 100 个 GB 的硬盘存储的数据。而且这个数据的增长仍在加速，预计 2015 年将会达到 8ZB。

"大数据"的大字并不仅仅只是限于容量大，更重要的是对海量信息数据处理、整合以及分析之后创造价值，有关研究指出，大数据至少能够在 4 个方面为企业创造出巨大的商业价值，首先，对消费者用户的群体进行细分，然后针对这些细分的群体实现不同的行动；其次，运用大数据模拟实境，实现新的需求获取和提高回报率；再次，提高大数据在各个部门的共享程度，这样能够提升管理链条和产业链条的投入回报率；最后，实现产品和服务以及商业模式的创新。

在这样的时代，人们的生活方式和思维方式也发生了一系列的变化，这种变化也使得消费观念发生较大的转变，它赋予了消费者更广阔的视野，这些影响足以使消费者不再完全相信传统营销"轰炸式"的传播和灌输，他们更加倾向于受到质疑的品牌和产品，他们能够在此基础上发表自己的观点，并影响他们周围的人群，所以企业此时的营销策略一定不要对他们的观点持漠视的态度，不然，他们将会失去大量的关注人群。

也可以这样说，在碎片化的网络世界，营销者需要在表象的分散和碎片背后，找到那些因兴趣或者共同的需求而重新聚集起来的东西，能捕捉到这些注意力，就会找到新的集中。"大数据"是这个趋势实现过程中的利器。

在大数据时代的背景下，随着移动互联网的发展，微营销这种新型的营销方式被普遍认同，微营销就是以微博、微信和 App（一种应用程序）等为载体的新媒体营销，他具有两大特征，一是以技术为驱动，二是呈现一种病毒式传播的营销方式。比如，一家美甲店，刚开通微店，仅有粉丝 100 多人，通过一番策划，该美甲店仅仅在微店上发出了一张帖子，短短的几个小时内，就吸引了上千名粉丝。其传播范围之广、速度之快，可想而知。

关于微营销，笔者再次透露下其中的达·芬奇密码，包括传播方式的颠覆、客户关系上的革命、感知能力上的延伸、商业模式的进化、认知方式上的差异、产品运营上的整合以及产品的外观与内涵等。传统营销方式强调“传播就是到达”，而现在则是“到达即是传播”，通过新媒体手段，吸纳更多的客户和粉丝，通过大数据，更加精准地向目标人群传递产品和服务的信息，当然最重要的是向客户展现消费场景，让客户产生购买欲和冲动。

“大数据”的意义并不仅仅在于“大容量”，更重要的是，通过对海量数据的整合、挖掘和分析，可以创造出新的价值。利用数据驱动的营销策略，将数据提升到营销之前、之中来，就可以将效果监测转变为效果预测，让产品和服务呈现在感兴趣的用户群体面前，实现真正意义上的精准营销。

一夜成名的凡客诚品

2007 年 10 月，凡客诚品选择自有品牌网上销售的商业模式，目前已经深深根植于互联网上，而且遥遥领先与其他同类服装品牌，据最新的艾瑞调查报告，凡客诚品已跻身中国网上 B2C（商对客电子商务模式）领域收入前四位，这在传统服装行业和电子商务行业都可称为奇迹。

自 VANCL（凡客诚品）成立以来，业务迅速发展，产品种类也由2008 年的男装衬衫、POLO（品牌名）衫两大类几十款，发展到现在的男装、女装、童装、家居、配饰、鞋和化妆品七大类。随着在各品类间的不断深化，将成为网民服装购买的首选。业务快速成长的同时，凡客诚品在运营初期短短十个月里，即获得了 IDGVC（公司名）、软银赛富、联创策源、启明创投的先后三轮投资。

其秉承的理念是：平价快时尚即人民时尚，企图打造一支经得起客户体验的品牌。凡客诚品没有一家实体商品，没有自己的生产工厂，没有任何分销渠道，所以销售流程都在网上惊现，他们支持全国 1100 多个城市货到付款、当面试穿、30 天可以无条件换货。

为什么凡客诚品能够在短短四年内，一炮而红，有人总结了以下原因：一是技术领先，利用互联网整合先进的中国服装制造业；二是客户体验至上，以及高性价比的经营之道；三是品牌文化顺应互联网时尚消费的潮流；四是陈年及其团队多年合作默契，市场敏感度以及突出的执行力。

也有人总结说，凡客诚品之所以成功，得益于两大要素：一个是平价，一个是微博。这种说法无疑是最中肯的。我们甚至也可以说，是微博成就了凡客诚品。正是微博为凡客诚品的宣传造足了声势，它让每一个知道微博的人，都知道微博上面有一个“凡客”，这就是凡客的微博营销之道。

开始的时候，凡客只是鼓励员工把微博作为一种与客户交流的工具，可连他们自己都没有想到，微博却回馈给他们这么大的惊喜，到目前为止凡客诚品的微博已经拥有了 50 多万之众，它将热爱凡客诚品的用户们聚集起来，形成了一个庞大的集体，让拥有共同爱好、共同话题的人集结在一起，从而激起更多的火花，日益增长的粉丝数量让凡客的知名度也一路风生水起，此时，凡客开始组织专门的工作团队着手微博管理，凡客团结起了一切可以团结的力量，来展开自己的微博营销，功夫不负有心人，微博上的这些“凡客们”的确也在凡客诚品的营销中起到了至关重要的作用。

凡客诚品之所以在微博领域如此成功，还要归功于成功的营销策划和在微博上推出的一系列促销推广活动。

凡客诚品是第一个测试新浪微博的用户，给微博起了一个昵称“围脖”，借着和新浪合作的机会，凡客诚品顺势发起了向注册新浪微博的名人、明星送围脖的活动。虽然在这次活动之中，并没有在赠送的围脖上有任何的凡客标志，但是由于许多受赠的大牌明星、名人都在微博上纷纷议论此事，晒出他们的微博招聘，所以，通过这次活动发起之后，大大地提升了凡客诚品的微博人气，可谓是一次“本小利大”的成功营销活动。

那么，凡客诚品的强势营销力量是怎么炼成的？

首先，微博营销具有主动性，他可以将凡客的商品活动主动地传达给粉丝；其次，凡客的微博营销有多层次性，微博身份的多层次性使各个层次的粉丝都能获得相关消息，比如校园代理主要负责大学生领域的活动宣传，个人微博则负责个人的粉丝群体的宣传，公司高层微博负责活动的方向和目标的宣传，这种多层次性同样也表现出顾客的层次，还体现了微博营销的等级策略，自上而下形成总体的营销格局；再次，凡客微博能够激发消费者的积极性，促使他们去了解产品和促销活动的详情，并评价产品使用感受和服务感受，从这些了解和评价中，凡客反过来形成数据，进一步挖掘消费者的需求，满足消费者价值，从而建立良好的买卖关系；最后，凡客微博是免费而有效的平台，在这个平台上投放广告是凡客诚品的主要营销方式。在各大门户网站、视频网站上都可以看到凡客的广告，通过微博推广商品是 B2C 营销的趋势，微博是免费的推广媒体，为凡客的网络直销节约了成本。

目前，开始微博营销的网上商场并不多，之所以凡客能够取得成功，就是因为其抢先一步占去微博的顾客资源，将多层代理与微博营销进行有效的整合，形成了庞大的营销体系，并配合诸多促销活动形成统一布局，从而更有效地传播信息，故必然在 B2C 竞争中占据有利的位置。

营销要革命：微营销才是商业未来的真正出路

面对着无营销不赢利的现状，面对着原来的营销方式逐渐失灵的现状，面对着凡客诚品通过微博一夜成名的现实，难道说，我们还只是这样无动于衷地看着，还是走着以前的老路子，还是使尽浑身解数勉强经营？我们要对此说不，我们的企业要想发展就必须要革命，这个时候我们不对自己的营销方式革命，那么在不久的将来别人就会革我们的命。

我们再来思考一个问题，中国的微博、微信用户到底有多少？

据互联网监测研究平台 DCCI 互联网数据中心近日发布的《2013 中国微博微信蓝皮书》称，中国的微博和微信用户约为 3.57 亿，这是一个什么数字，这相当于世界人口第三大国，美国人口数量的总和。而且这两个超级移动平台“独占”中国移动互联网 95% 以上的终端客户，前面我们也解释过，这部分人是目前中国消费领导阶层，谁拥有这些终端客户就意味着是当下的胜者。

作为一个企业，你应该明白，这部分消费者不是少部分人，如果我们错过了微博和微信，错过了营销，那么我们错过的将会是一个“国家”，一个在全球排名第三的“国家”，而且，你错过的将不只是一群客户，而错过了你事业的一个10年，甚至是一个时代。

我们回过头来看这样一组案例。

凯迪拉克通过公众平台30天的活动推广吸引近37万精准粉丝，轻轻松松省去传统的1000万元的推广费。

7天连锁酒店利用微信能够在一个月内会员从30万快速倍增到100万。

微信朋友圈，让一个做佛牌的姑娘，三四个人销售额几百万元。

更突出的例子就是“为发烧而生”的小米手机，利用微博营销成功立足手机销售排行榜前五名。

当然还有凡客诚品，这样的例子数不胜数。

我们再来思考另一个问题。史上最贵的“裤衩”是哪个“裤衩”？

毫无疑问是央视的“大裤衩”，“大裤衩”为什么有钱？我们看央视的时候，并没有为此付费，那央视的钱是从哪里来的呢？答案是“广告”，也就是说，央视将我们观众的眼睛和耳朵通过我们关注的电视节目，打包卖给了广告主。也就是说，现在最贵的是什么？我们的眼睛和耳朵，也就是我们的注意力，我们刚才说了现在微信微博用户达到三亿多人，三亿双眼睛、耳朵值不值钱，贵不贵？当然，通过这个数据我们就可以分析出通过微信、微博进行的营销将是未来发展的大趋势。

微博的长足发力，似乎让人们看到了自媒体的光明前景；微电影的过快过猛发展，也让我们不得不为传统媒体的前景担忧；微信的出现，除了节省话费以外，似乎也可能带来一种趋势。微，似乎也是这个时代的特点。微博的140个字几乎代替了深度阅读习惯，搞笑创意的微电影成为观影的首选。生活似乎越来越碎片化，等车、吃饭哪怕是睡觉，只要有一点空闲时间就会掏出手机关心一下自己的朋友在做什么。这种碎片化的接受习惯正在深刻影响着营销，同时也为企业营销带来新的机遇和挑战。

全球最顶尖的营销战略家，“定位之父”杰克·特劳特在他的《营销革命》一书中讲到，传统的营销模式是“自下而上”的：你先确定要做什么（战略），然后才计划怎么做（战术）。然而，营销恰恰应该反着做，先寻找一个有效的战术，然后把它构建成一个战略。

大易之道，智者观势。易经里面，其实就是在讲两个事情，一个是“发现规律”，另一个是“顺应规律”。微营销作为一种新型的营销模式，符合这个时代所赋予的规律，当微营销来势汹汹的时候，我们自然要顺应规律，做出正确的选择。

网络、职能，成为时代主题，微博、微信如影随形。我们进入一个“微”天下的时代，微营销成为企业营销的时代主题。

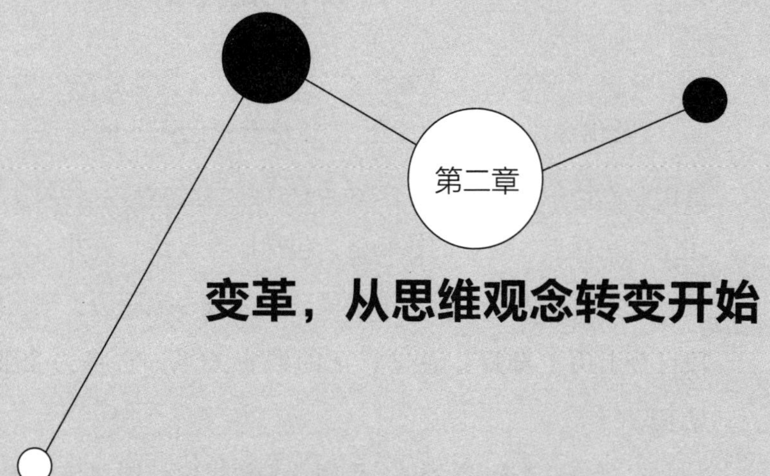

第二章

变革，从思维观念转变开始

再看传统营销

《哈佛商业评论》中提出“传统营销已死”的观点，中欧创业与投资中心主任李善友先生，发表文章支持这一观点，我们在第一章中也阐述了这一观点，观点的核心是，包括广告宣传、公共关系、品牌管理以及企业传媒在内的传统营销手段已经失效，顺应历史潮流的新型营销手段已登上历史舞台，通过真正的顾客关系，它将为企业创造持续的增长。

在讨论这个问题之前，我们首先要界定何谓“传统营销”？

营销理论从经典的4P发展到4C，后来发展到了4R、4S等。伴随着社会环境、媒体环境和竞争环境的不断变化，其实营销的战略核心并没有变化，变化的是自身理论和手段。

战略层面考虑的是：什么样的产品？产品的定位？消费者是谁？定价多少？如何卖？战术层面考虑的是：讲什么故事？用代言人还是意见领袖？用传统媒体还是社交媒体？用稿件发布还是微博微信发布？前面我们也引用杰克·特劳特的观点，是采用“自上而下”，还是采用“自下而上”的方式。

所以不论是《哈佛商业评论》所说的传统营销已死，还是李善友先生的观点，还是我们的观点，准确地说应该是“传统营销思维”或是“传统营销手段”失效，而不是说这种方式已死。

传统营销到底错在哪里，是哪些因素导致他的失效呢?

1. 服务思想亟待提升，服务体系不完整

服务思想事实上是一种意识，是一种责任，更是一种情感。一件产品在他的制造、设计和流通过程中无不渗透着人们的意识、责任和情感。因为传统的营销方式的传统服务概念，很多企业对此根本就不强调，甚至是淡化这种服务事项，因而，冷冰冰的产品通常只具有使用价值和交易完成后的价格，整个服务表现得异常单薄，其服务体系的建设也表现得不完整。这种服务状况的出现对企业的发展事实上是非常有害的，没有服务思想，那么在为客户提供服务过程中的每一个岗位、每一个执行体的服务功能和服务体系的水准也自然受到影响，面对消费者导向经济的现实，没有好的服务，无法搜寻客户，更别说忠实客户了，时间一长，企业就一定会和他冷冰冰的产品一块下架。

2. 服务流程长，服务效果差

我想大家应该都看过湖南卫视《快乐大本营》栏目中的一个叫快乐传真的节目，在这个节目中，将几个嘉宾中间用挡板给隔开，并且让他们戴上耳机，不许说话，只能通过做动作来描述自己要表达的内容，首先由第一位嘉宾看到题板上的一个事物，放下隔板，描述给第二个，第二个在依靠自己的理解用动作描述给第三个，一直这样到最后一个，到了最后一个嘉宾，他所得到的信息与原信息相比往往都会相差十万八千里，其实这个游戏与我们传统营销比较相近：管理复制和服务复制的变形。

在传统营销形态所包含的服务体系中，通常有两方面的情况：一方面是生产型企业本身所提供的各项服务；另一方面是它所倚仗的通路经销商提供的各种服务。这两种服务最后转化成为现实，转化成为消费者可以亲身感受到的实实在在的服务，都必须有通路经销商的有序配合才能够很好地去完成。这就相当于“快乐传真”的那个通道，要传递过来，而不是直接到达，问题就在于这些“通道”中，而且在这些通道中，各路经销商的情况有所差异，大家各谋求的利益点，谋求利益回馈的机制均不一样，又由于服务概念的理解不一样，对服务体系建设的重视程度也不一样。这必然导致生产型企业本身所提供的服务到达消费者身边时发生变形，最后所表现出来的服务在综合测评指数上则比较低。

3. 一线服务缺乏力度，整体服务形象不醒目

纵观传统营销模式，也许有服务思想的整体贯彻，但是这个服务思想并没有统一的服务章程，所以通常在其服务系统的人力资源系统中，往往缺乏专业化的一线服务人员。即便是有这样的服务人员，这些服务人员往往也不被重视，没有相应的系统培训，正是由于这些原因，所以它们表现在具体的服务中缺乏特色、缺乏力度，有时甚至是敷衍了事；这种服务哪里会有光彩夺目的形象呢？所以，真正的问题的根源就在于企业本身，归根结底，原因就在于传统营销本身的经营特点和我们服务体系的系统化建设。

总之，传统营销中的传统服务体系，除了少部分具有一定规模，具有很强的国际经营意识的企业有一定的水准和深入人心的服务体系之外，大多数经营企业并没有把这种服务体系的建设延伸到系统化、专业化和科学化的道路上来，没有真正地沿引到实现市场化的竞争优势上来。

不可忽略的时代变化

十年前如果你要想约别人吃饭，一定会打听附近有什么好的饭馆，

问问朋友或者实地去看一下，这种情况在四五年前发生了改变，我们会通过互联网搜索附近有什么好吃的，或者向朋友打听，今天，我们只需要打开 Yelp（一个点评网站）或者大众点评，就可以立刻得到你想要的信息，而且还会告诉你怎么走。试想当你逛完商场，饥肠辘辘的时候，没必要像无头苍蝇到处乱窜，拿出手机轻轻松松就可以解决问题。当然不只是吃饭，看电影、加油、娱乐等都会轻易为你解决。

四五年前我们都有一个短信 300 条包月的套餐，那个时候这往往还不够用，可是现在，我们每个月也打不了几分钟电话，发短信的数量更是少得可怜，但是，这并不代表着我们沟通的更少了，而是我们的交流更多地依靠移动 QQ（一种聊天工具）和微信，这些交流方式不但便捷，信息量更大，而且成本很低廉。在这些 APP 的共同努力下，改变了我们几亿甚至几十亿人的沟通和交流习惯。

四五年前人们会认认真真地读杂志和看报纸，现在，很少人这样做，但是人们的阅读量却并没有减少，反而有明显的增多，因为他们将曾经等车、等人、坐电梯这样的“碎片”时间真正地利用起来，比方说坐个电梯，我们可以阅读两条微博，鉴于信息传播方式的多元化，微博、微信等自媒体的出现使得新闻等信息的流通除了报纸、杂志等单一渠道外又提供了新的模式，而且移动设备的出现还使得信息的推送更加的精准。

几年前和今天相比，我们的生活和消费习惯发生了翻天覆地的变化，像上面这样的例子数不胜数，你随身携带的移动设备，能帮你做的事情比你了解得更多，他可以帮你预订餐饮，帮你买车票、飞机票，帮你联系和情人的约会，告诉你今天的天气以及有什么热门新闻，这一系列的便捷服务带来的就是本质上对生活效率的极大提升。

我们这个时代在发生变革，而且他的变化速度非常的迅速，这样的变化对于企业的营销，也自然是一个机遇和挑战。

2012年我国首部移动互联网蓝皮书——《中国移动互联网发展报告》认为，由于科学技术，互联网，尤其是移动互联网的高速发展，不仅给传播生态和信息产业格局带来了变革，也引发中国经济、政治、文化、新闻传播等诸多领域的变化，可以说给中国社会带来了全方位的影响，具体体现在以下7个方面：①对中国发展的影响：加速社会转型，增添发展动力；②对经济生活的影响：构建智慧网络，转变营销观念；③对新闻传播的影响：加快传播模式转变，改变媒体产业格局；④对政治生活的影响：人人拥有无线麦克风，随时随地“参政议政”；⑤对文化生活的影响：无限的学习与创作空间，丰富的文化消费与享受；⑥对人类文明的影响：更为透明、开放的高度信息化社会将要来临；⑦对个人生活的营销：改变生活方式，提升生活品质。

移动互联网的核心是数据，并且每个人除了都是数据的使用者以外，也同时是数据的贡献者，不只是像Waze（社会化地图应用）这样明显的数据贡献，更多的是你拿着手机的每次运动都会产生信息，人就成了一个24小时接入网络的节点，这些信息对商家和你的生活都会产生潜移默化的影响。

大量移动设备在互联网上接入，一定会像PC（个人电脑）和汽车的出现产生一个前所未有的社会革命。如果说互联网是人类咨询与管理的革命，那么移动互联网则是商业与智能化的革命，移动电子商务将开启一个巨大的市场，将会演变为一场颠覆性的商业革命。

星巴克的创举

《蝙蝠侠》《雨人》《午夜快车》《紫色姐妹花》这些卖座电影的制

作人，加利福尼亚大学洛杉矶分校教授彼得·古贝尔，曾在他的《会讲才会赢：如何通过讲故事打动人心，赢得机会》一书中说，“现今社会的每个人都在通过情感交流做生意。因此，对于企业家来说，讲述令人信服的故事是促成生意的最好方式。掌握故事力，就能提升竞争力”。

星巴克正是这样一个会讲故事的企业。

星巴克的店名是来自赫尔曼·麦尔维尔的经典著作《白鲸》书中一位处事极其冷静、极具性格魅力的大副 STARBUCK（人名），他的嗜好就是喝咖啡，他的名字翻译成中文就是星巴克。店徽是一个貌似美人鱼妖 Siren 的双尾海神围绕 STARBUCK 的图案，从店面到标志，可以看出三位创业者的文化底蕴和品牌意识。

将星巴克带到世界各地的重要人物叫霍华德·舒尔茨。

> 1983 年的一天，舒尔茨来到意大利米兰参加一个博览会，一次偶然的机会，他走进一家当地的小咖啡馆，这让他像发现新大陆一样让他兴奋不已，接下来，他又考察到了意大利咖啡馆经营方式的独特魅力：体验式营销——店内摆放着舒适的桌椅，店内让人感觉就像是一个起居室，在这里顾客可以听着优美的音乐，一边喝着咖啡，一边休息，或者找个熟人在这里聊天叙旧。在这样一个并不像是传统意义上销售咖啡的地方，而更像是一个公共场所，一个交际空间，一个传递关心、品味生活、放松心灵的小站。
>
> 1986 年霍华德·舒尔茨斥资 400 万美元重组星巴克，推动了星巴克意式咖啡馆的转型，并彻底改变了企业的思维观念开始经营星巴克。
>
> 1996 年星巴克开始了全球扩张战略，从西雅图的一条小小的

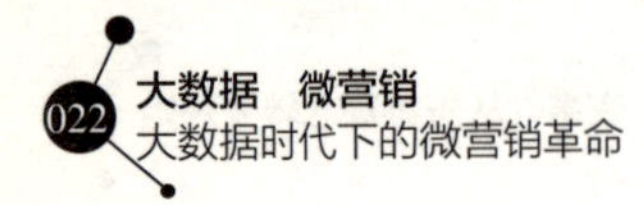

“美人鱼”，逐渐进化到今天遍布全球39个国家和地区，连锁店达到13000余家的“绿巨人”。2003年美国《财富》杂志评选出全美10家最受尊重的公司，星巴克以其突出的表现位居第九位。

星巴克之所以取得成功，与其改变思维观念是分不开的，之前的星巴克咖啡的目标就是销售高质量的特质咖啡，不论是香味、口味还是制作工艺，都力争做到星巴克咖啡明显优于人们以往熟悉的咖啡，但是做到这点还远远不够，自从霍华德·舒尔茨的那次意大利之行，让其更加坚定自己的信念，星巴克认为：咖啡只是一个载体，通过这种载体，星巴克把独特的体验传递给消费者，首先让所有热爱咖啡的人品尝到味道纯正的顶级咖啡，除此之外，消费环境和氛围是促成体验发生的重要因素，星巴克力争不只是从嗅觉、味觉上刺激消费者，更要想方设法刺激消费者的视觉、听觉、触觉，全面、深刻地影响人们的感受，所以星巴克每一家连锁店里，所有的摆设都经过精心设计：风格鲜明的起居室、舒适别致的桌椅和沙发，都在恰如其分的灯光下散发出温馨，再加上煮咖啡时的嘶嘶声、金属勺子搅拌咖啡的撞击声、轻柔的音乐、精美的书刊杂志，一切都烘托出独具魅力的“星巴克格调”。

星巴克被称为“第三空间”，之所以被称为这个名字，是星巴克以情感来连接顾客，这是星巴克价值观的真正主张。但是这一理念又如此微妙，微妙到了令许多商人都无法复制。

星巴克的一位咖啡师了解到老顾客在等待肾脏移植，便亲自做了配型测试并且成功移植。一位门店女员工为鼓励患癌症少女勇敢与病魔作斗争，将自己剃成了光头。员工认同公司的道德观念和价值之后，心甘情愿地通过每一次服务为顾客提供完美的咖啡体验。而每一次体验的背后又都是一段足以称道的故事。

体验究竟是什么？一种说法是，从生活与情境出发，塑造感官体验及思维认同。

年深日久，星巴克逐渐成为都市里具有小布尔乔亚情结者的集散地，一杯咖啡、一台电脑、一本书，在惬意的环境中可以打发一天的时光，也能点燃人类最微妙的情感。有人说，星巴克咖啡的价格中，有一半是消费者在为内心虚幻的感受埋单。

那么，这种美好的感受又是从何而来的呢？

星巴克通过承诺其独特的“星巴克体验”，改变了顾客对咖啡的看法，改变了人们对咖啡的消费习惯，也改变了咖啡的经营方式和赢利模式，做出这样的改变，星巴克成功地突破了价格障碍，星巴克咖啡的利润约等于行业平均利润的5倍，星巴克品牌似乎成了咖啡的代名词。

其实我们现在的企业也是一样，随着时代的变革，移动互联网的发展，或不久的将来科学技术又会发生什么神秘的变化，如果我们的企业故步自封，没有改变企业的思维观念，还是利用传统的营销方式，最后的结果自然难逃被淘汰的厄运，世界上不变的就是变化，我们要遵循邓小平同志的观点：一边干、一边变，我们一定能找到一种适合这个时代规律的东西，从而取得成功。

传统营销与微营销

1. 什么是微营销

在如今以市场需求为主导的经济时代，消费者的需求呈现出精细化和多样化的特点，细分市场日渐成熟，同时在互联网技术快速进步和应用的刺激下，整体市场的发展节奏也在不断加快。因此，企业需要建立

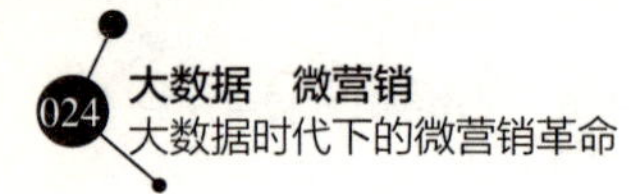

一套灵活的管理思维，不断优化企业结构和相关服务，轻装上阵，以自如应对不可预知的市场变化。

在这种大环境中，“微营销”的概念应运而生。市场营销作为企业实现赢利的重要辅助环节，被众多企业经营者当作制胜的法宝，然而传统粗放式推广方法已不能满足精细化市场的营销需求，企业投资回报率也在不断下降，因而市场亟待出现一种更为快捷高效的营销途径。

随着整个互联网经济的快速发展，以网络为传播平台的营销行业如雨后春笋般迅速壮大，其整体服务水平也呈现出阶梯式的增长，并诞生了以网络技术为基础的精准营销模式。

何为“微营销”?微营销，实际就是一个移动网络微系统，微营销 = 微博 + 微视频（微电影） + 个人微信 + 二维码 + 公众平台 + 公司微商城。微营销就是将线上线下营销整合起来，线下引流到线上支付，线上引流到线下（实体店面）浏览。

微营销是现代一种低成本、高性价比的营销手段。与传统营销方式相比，微营销主张通过“虚拟”与“现实”的互动，建立一个集研发、产品、渠道、市场、品牌传播、促销、行业交流、品质保障、客户满意关系等更“轻”、更高效的营销全链条，整合各类营销资源，达到了以小博大、以轻博重的营销效果，如微博营销、微电影营销、微信营销等各类具体形式。

微营销是通过预测顾客需求，引导可以满足需求的商品和服务，从生产商流向顾客以实现组织目标的活动。市场细分将随电子商务的发展而日渐彻底化，消费者通过网络直接与生产企业产生联系，提出满足其个性化的需求，企业再根据每一位消费者的独特要求进行“量身定造”的产品设计，使企业针对某个消费者的营销活动，即微营销得以实现。

对于传统的广告营销而言，传递的都是咨讯，需要让用户不停地接受咨询而产生心理变化，从而在消费中接受产品。而“微营销”更讲究用户参与，从开始阶段的参与。微内容的到来让整个互联网的内容被切得四分五裂，然后又因为用户而慢慢整合。“个性化”成了主流。所以对于针对“微内容”的营销，强调更多的用户参与，群智和分享的蛛丝马迹能够让市场参与者有效的定位用户行为，这样可以进行更精确的营销活动。

2. 微营销的优势

长周期；传播的内容量大且形式多样；每时每刻都处在营销状态、与消费者的互动状态，强调内容性与互动技巧；需要对营销过程进行实时监测、分析、总结与管理；需要根据市场与消费者的实时反馈调整营销目标等。

社会化媒体的崛起是近些年来互联网的一个发展趋势。不管是国外的 Facebook（一个社交服务网站）和 Twitter（推特），还是国内的人人网或微博，都极大地改变了人们的生活，将我们带入了一个社交网络的时代。社交网络属于网络媒体的一种，而我们营销人在社交网络时代迅速来临之际，也不可逃避地要面对社交化媒体给营销带来的深刻变革。

那么社会化媒体的营销与传统的营销手段相比具有哪些突出的优势呢?

首先要讲的是，社会化媒体营销具有传统网络媒体营销的大部分优势，比如传播内容的多媒体特性、传播不受时空限制、传播信息可沉淀带来的长尾效应等。讲述网络营销对比传统媒体优势的文章很多了，这里我不再赘述，我要重点讲讲社会化媒体营销与普通网络媒体营销对比的优势。

（1）社会化媒体可以精准定向目标客户

社交网络掌握了用户大量的信息，抛开侵犯用户隐私的内容不讲，仅仅是用户公开的数据中，就有大量极具价值的信息。不只是年龄、工作等一些表层的东西，通过对用户发布和分享内容的分析，可以有效地判断出用户的喜好、消费习惯及购买能力等信息。此外，随着移动互联网的发展，社交用户使用移动终端的比例越来越高，移动互联网基于地理位置的特性也将给营销带来极大的变革。这样通过对目标用户的精准人群定向以及地理位置定向，我们在社交网络投放广告自然能收到比在传统网络媒体更好的效果。

（2）社会化媒体的互动特性可以拉近企业跟用户的距离

互动性曾经是网络媒体相较传统媒体的一个明显优势，但是直到社会化媒体的崛起，我们才真正体验到互动带来的巨大魔力。在传统媒体投放的广告根本无法看到用户的反馈，而在网络上的官方或者博客上的反馈也是单向或者不即时的，互动的持续性差。往往是我们发布了广告或者新闻，然后看到用户的评论和反馈，而继续深入互动却难度很大，企业跟用户持续沟通的渠道是不顺畅的。而社交网络使我们有了企业的官方微博，有了企业的人人网官方主页，在这些平台上，企业和顾客都是用户，平等性和社交网络的沟通便利特性使得企业和顾客能更好地互动，打成一片，形成良好的企业品牌形象。此外，微博等社交媒体是一个天然的客户关系管理系统，通过寻找用户对企业品牌或产品的讨论或者埋怨，可以迅速的作出反馈，解决用户的问题。如果企业官方账号能与顾客或者潜在顾客形成良好的关系，让顾客把企业账号作为一个朋友的账号来对待，那企业获得的价值将是难以估量的。

（3）社会化媒体的大数据特性可以帮助我们低成本的进行舆论监控和市场调查

刚才详细描述了社会化媒体在互动性方面的优势，除此之外，随着社交网络的普及，社交网络的大数据特性得到很好的体现。而企业如果能做好社交网络的数据分析与处理，也能从中收到很大的好处。

首先，通过社交媒体企业可以低成本的进行舆论监控。在社交网络出现以前，企业想对用户进行舆论监控的难度是很大的。而如今，社交媒体在企业危机公关时发挥的作用已经得到了广泛认可，任何一个负面消息都是从小范围开始扩散的，只要企业能随时进行舆论监控，可以有效地降低企业品牌危机产生和扩散的可能。

其次，通过对社交平台大量数据的分析，或者进行市场调查，企业能有效地挖掘出用户的需求，为产品设计开发提供很好的市场依据，比如一个蛋糕供应商如果发现在社交网站上有大量的用户寻找欧式蛋糕的信息，就可以加大这方面的蛋糕设计开发，在社交网络出现以前，这几乎是不可能实现的，而如今，只要拿出些小礼品，在社交媒体做一个活动，就会收到海量的用户反馈。

最后，社会化媒体让企业获得了低成本组织的力量。这句话有点拗口，但是无组织的组织力量确实是互联网带给我们的最大感触。通过社交网络，企业可以以很低的成本组织起一个庞大的粉丝宣传团队，而粉丝能带给企业多大的价值呢？举一个例子，小米手机如今有着庞大的粉丝团队，数量庞大的米粉成为了小米手机崛起的重要因素，每当小米手机有活动或者出新品，这些粉丝就会奔走相告，做足宣传，而这些，几乎是不需要成本的。如果没有社交网络，雷军想要把米粉们组织起来为小米做宣传，必然要花费极高的成本。此外，社会化媒体的公开信息也可以使我们有效地寻找到意见领袖，通过对意见领袖的宣传攻势，自然可以收获比大面积撒网更好的效果。

社会化媒体在营销方面的优势显而易见，但是同时也还有很多问题的存在。比如社会化媒体营销的可控性差、投入产出比难以精确计算等。不过随着社交网络时代的到来，社交媒体营销的体系也必然会逐渐完善，所以，每一个营销人都不能选择躲避它，我们要直面这个新的挑战。

记住，没有目标的传播是无效传播

1. 销售，其实就是建立在数据与信息的基础上的

网民小李想在网上买一双篮球鞋，看了一会发现没有合适的，就关上这个页面，第二天，当他再打开电脑时发现，页面上出现了很多关于篮球鞋的广告，而且这些篮球鞋都比较适合他，于是又勾起了他的购买欲望。这其实就是大数据时代的精准营销发挥的作用。

销售的目的就是想方设法将受众转化为你的消费者，然后让他们掏出银子完成交易，如果你不了解他对产品、品牌的需求，不了解他们的消费倾向，你就无法抓住他们的心，最后的结果也只能像我们每次接到一个销售骚扰电话那样，气愤地挂断电话，更别说达成交易了。

只有得到这些信息，企业才能够对自己的客户进行精准的定位，并设计出符合这些精准客户的产品和服务，满足消费者的价值，这样才能吸引他们的目光，从而达成交易。

前些时候，奔驰在搞一个活动，他们邀请了100多位车主，到斯图

加特的总部做“消费者洞察”，也就是和车主交流，从交流中得知他们对下一代 S 级车型的期望。这批车主不只是奔驰的用户，还包括宝马、奥迪的用户，这些车主当着奔驰管理层以及设计、工程专家的面，以一个典型的中国消费者的姿态，说出自己的想法，最后他们的想法被提交到设计大会上讨论。

其实，之前在中国豪华车市场上，奔驰的市场表现远远低于宝马和奥迪。不过，这次活动结束以后，果然收到了不同效果，这款入门级豪华车（C 级）卖出了 1.13 万辆，距离宝马同等级别的 3 系的 1.2331 万辆数字差距已经变得很小了，事实上，这款 C 级车上市的时间要比宝马 3 系晚很多。

奔驰 C 级的销售之所以取得成功，与其得到消费者需求信息是分不开的，换句话说他更明白消费者需要什么，这和奔驰搞的那次活动也分不开，可是，对于一般的商品，去了解客户的心声，搞这样的听证会成本很高，包括组织者的人力成本和邀请的费用，而且，能够倾听到对于产品的意见，还需要这些客户对于这个产品有足够的关注度以及品牌极高的忠诚度，那么我们通过什么途径得知我们的精准客户到底是哪一类人呢？

在这个大数据的时代，互联网上的信息和数据是海量的，这些海量数据的意义在于，虽然表象复杂，但是从本质去看，就很简单了，如果我们能挖掘到这些数据背后的规律，就会对沟通和传播带来价值，简单地说，只有我们对这些数据和信息有足够的关注，我们也能轻松地获得消费者需求的信息。

所谓大数据，就是指超大量数据，海量数据，比如，无论是百度、腾讯，还是淘宝、新浪，这些平台都有海量的数据，即便是一个单一的媒体平台，其数据也反映网民的各种行为，例如百度的平台呈现的是网民的各种与搜索有关的行为，新浪的平台上则可以看到网民的阅读行为，而淘宝上则显示着网民的购买行为，这些行为数据和信息对我们的销售非常有价值，将这些平台互动起来，我们就可以轻松地掌握网民的网络行为、购买行为和点击行为。

所以，未来的企业市场营销费用的分配，除了一部分用于品牌投放外，多数投放都将放在大数据指引下产生的。这样我们才能得到企业的消费群分布在哪里？企业的潜在用户在哪里？这些用户对我们的产品有什么要求？我们通过数据便可以轻松得到这些信息，然后用有创意的投放形式让他们成为企业的粉丝以及形成销售。

2. 如何对数据进行分析和应用找到真正的客户

另外，大数据的“大”不仅意味着数据的数量庞大，还代表着种类繁多、结构复杂，变化的速度也极快。可以说，目前企业都能意识到数据和信息其实就是销售和营销的基础，但是目前大部分企业经营决策面临的最大挑战不是缺少数据，而是这些数据太多，他们无法发掘对自己有价值的数据，所以要想真正找到客户需要注意对这些数据进行分析和整理。

数据在如今竞争激烈的市场日益宝贵、作用突出，我们应该对哪些大数据进行充分挖掘和分析运用呢？

（1）对目标对象进行更完整的分析、描述

通过获取更丰富的消费者数据，包括网站浏览数据、社交数据和地理追踪数据等，可以绘制出更完整的消费者行为。譬如，大数据技术能对客人方方面面的信息进行充分有效管理并深度挖掘。

泰国的东方酒店，这座酒店不算是最豪华，但是由于其大数据系统的应用，可以给客户留下不一样的感受，当一名客户走进酒店，大数据系统就会清楚地告知酒店经理人这位客人的习惯和喜好，如是否喜欢靠路边、是否吸烟、是否喜欢大床、喜欢什么样的早餐，甚至从事什么工作、有什么商务需求等。当客人再次光临时，不用客人自己提出来，酒店大数据系统就会自动提供客人所喜欢的房间和服务等相关信息，大大地提升了酒店管理效率。

（2）对营销决策数据进行更好的优化

包括沃尔玛、家乐福、麦当劳等知名企业的一些主要门店均安装了收集运营数据的装置，用于跟踪客户互动、店内客流和预订情况，研究人员可以对菜单变化、餐厅设计以及顾问意见等对物流和销售额的影响进行建模。这些企业可将这些数据与交易记录结合起来，并利用大数据工具展开分析，从而在销售哪些商品、如何摆放以及何时调整售价上给出意见，此类方法已经帮助这些领先零售企业减少了17%的存货，同时增加了高利润率自有品牌商品的比例。

以前的CRM（客户关系管理）系统，只能促使分析报告回答“发生了什么事”，现在一个优秀的大数据系统已可以被用来回答“为什么会发生这种事”，而且一些关联数据库还可以预言“将要发生什么事”，最终发展为非常活跃的数据仓库，从而能判断“你（用户）想要什么事发生”。

（3）实现点对点智能广告模式

对于广告主来说，广告核心问题在于：如何从海量数据中精准定位寻找目标受众，并投放相应的广告信息。

时下广告不是点对点的模式，而是主从模式，像单个“老师”（产品）对众多满地跑的“学生”（消费者等受众），可是“老师”却总是抓不住多数“学生”，把99%的广告费都扔了。随着大数据的发展，这些钱或会被一一捡回来。

大数据能通过互联网点击流，可跟踪个体用户的行为，更新其偏爱，并实时模仿其可能的行为，让点对点的RTB（实时竞价广告）成为可能。在美国，在大数据的帮助下，RTB 能把炙手可热的目标用户，拍卖给广告商。以前，电梯里上来一个秃头的中年人，如果你在电梯里打的是洗发水广告，那肯定瞎了。现在，有了 RTB，广告将盯住不是满地跑的“学生”，而是那个喜欢看广告的目标人；广告市场上卖的也不是传统意义上的广告位了，而是访问这个广告位的具体用户。

那么 RTB 是如何实现精准的呢？比如潜在客户在浏览某网页面，某网会向广告交易平台（Ad Exchange）请求广告。交易平台向所有需求端平台（DSP）发出公告，“某网有访客，要不要向他发广告”。同时，DSP 请求大数据管理平台（DMP）帮助分析这位访客情况，并根据结果进行出价决策。Ad Exchange 为出价高的 DSP 匹配相关广告代码，并最终作出广告。

今天尖端的追踪技术和多种的大数据管理平台（DMPs）可以将受众以及广告效果数据整合于单一界面上，让广告主轻易撷取关键指标，包括转化率、流失率以及各个渠道的贡献比率等。

（4）更好地进行顾问式营销

比如当一个顾客进入店铺后，一个零售商利用大数据技术搜索他们的数据库，发现这位顾客是其希望留住的有价值顾客，之后他们通过将其过去的购物历史和 Facebook 主页获得的这位顾客的信息综合起来，来了解需要花多少钱来留住他，从而确定所售卖物品的合适价格和零售商可以退让的利润空间，并最终针对这一位顾客给出最佳的优惠策略和个性化的沟通方式。如今在美国沃尔玛大卖场，当收银员扫描完顾客所选购的商品后，POS 机上会显示出一些附加信息，然后售货员会友好地提醒顾客：“我们商场刚进两三种配酒佳料，并正在促销，位于 D5 货架上，您要购买吗？”这时，顾客也许会惊讶地说：“啊，谢谢你，我正想要，刚才一直没找到，那我现在就去买。”

可口可乐的神话——谁才是真正的主角

如今这个时代发生了翻天覆地的变化，不论是科学技术还是人们的生活方式，又或是宗教等都在变化，只有可口可乐还和以前一样。它已经渗入人们生活的方方面面，它把自身与顾客生命的几乎每个方面都联系在一起，比如美好的大学时光、第一次约会、成功的时刻，可口可乐知道如何将自己融入人们生活中的每一个美好的时刻。

可口可乐的百年历史可以说是不断追寻满足消费者需求的历史，在可口可乐不断成长过程中，它非常看重“消费者忠诚”这一点。

大家是否听说过第二次世界大战时期这样一个传奇故事。

可口可乐公司前总裁罗伯特·伍德鲁夫应艾森豪威尔将军的要求做出了这样一个决定：“无论在什么地方，也无论成本如何，要让每一个穿军装的人都能以 5 美分的价格得到一瓶可乐。”这个并不是玩笑之言，很快可口可乐公司便实施了具体的措施，公司将可口可乐浓缩液灌装输出，然后在驻区设立装瓶厂，使得每一个士兵都能以最低的价格喝到爽口的可乐。

下面有一封一个名叫大卫·爱德华的大兵从意大利写给弟弟的家书。

我不得不写信告诉你，今天是我们的特别的节日，因为每个人都领到了可口可乐。在海外待了 20 个月的战士，双手捧着可口可乐的瓶子贴在脸颊上，像瞻仰圣灵一样望着这暗褐色的可爱的精灵，没有人开始畅饮，因为喝完就看不到了。

像这样感人的故事，我想也只有在可口可乐公司才会发生，这和可口可乐百年历史上始终如一的追求“消费者至上”是分不开的。

巴菲特有一个著名的“护城河”理论：我们都想拥有企业的经济城堡，只有有很宽很深的护城河，才能牢牢守护我们的城堡。巴菲特认为凡是优秀的企业都具有坚不可摧的护城河，而最深最宽的护城河就是消费者的心理。如果企业的产品、服务、文化能够俘获消费者的心理，那么企业就一定可以获得巨大的成功。

可口可乐公司无疑是具有强大护城河的企业，经典的可口可乐和百事可乐大战，我们都很熟悉，百事可乐请受试者品尝两种没有标志的饮料，喝完后并说出哪种口感比较好，然后被告知哪种是百事可乐，哪种是可口可乐，最后的结果是53%的选择了百事可乐，47%的人选择了可口可乐，这个“百事挑战”活动，通过电视直播，也的确引起了巨大的轰动，可是我们最后会发现一个有趣的现象，虽然人们认为百事可乐的口味好一点，但是人们在购买的时候大多数还是会选择可口可乐。

消费者之所以会选择可口可乐，是因为可口可乐深深打动消费者的心，一种品牌能打开销路，常常不是因为它的真实价值，而是由于它的潜在价值，可口可乐的潜在价值就来自于可口可乐始终把消费者放在主导位置，满足消费者价值，注重消费者体验。

当然最重要的方面，还在于可口可乐的营销战略从3A转到3P，就是为了满足消费者需求，把握消费者对可口可乐品牌忠诚度，所谓3A指的是让消费者在购买可口可乐产品时，买得到（Available）、买得起（Acceptable）、乐得买（Affordale）；而3P指的就是无处不在（Pervasiveness）、情有独钟（Preference）、物有所值（Price to value）。3P比3A营销策略更提高了一个层次，因为仅仅满足于在喝饮料时“买得到”是不够的，应该是在任何时候、任何地方，“无处不在”；然后是

“买得起”，现在消费者的生活水平已经提高了，很多人都买得起一瓶饮料。但是买得起的人当中还有一些人认为是物有所值或者物超所值，愿意付这个价钱，这是可口可乐的品牌、可口可乐的质量让消费者有这个信心；“乐得买”、“愿意买”，并且对可口可乐情有独钟，这也是把可口可乐对自我的要求提高了。

随着社会化网络的快速发展，可口可乐作为世界著名的大众消费品牌，消费者的声音无处不在，社会化平台给予消费者越来越多表达个性、表达喜怒哀乐的机会，所以可口可乐越来越重视社会化网络营销的投入，据不完全资料统计，2010 年可口可乐消减整体广告支出的 6.6% 投资到社会化网络中，现在可口可乐的营销战略也正在发生变化，从原来的消费者被动接受品牌产生“品牌印象”，慢慢地转向“消费者表达”，鼓励消费者勇敢地表达一切与品牌有关的体验与感受，倡导消费者发出自己的声音，创建并分享视频、照片或文字内容，畅所欲言地发表意见与评论等。

可口可乐神话的塑造和其不断改变营销思维理念是分不开的，在这个以消费者为导向的经济时代，消费者才是市场的主体，作为企业首先就应该打造自己的忠实客户群，像可口可乐的“消费者忠诚度”是让我们十分敬佩的，同时营销战略也应该把握这样的规律，当消费者变化的时候，你的战略也要相应变化，可口可乐的营销战略从 3A 转向 3P 在慢慢地转向社会化网络营销，正是力争自己的营销战略适应消费者的变化，同时赋予产品的文化内涵也要变化，这样才可能使一个单一口味的产品能够适应百年消费者的变化。

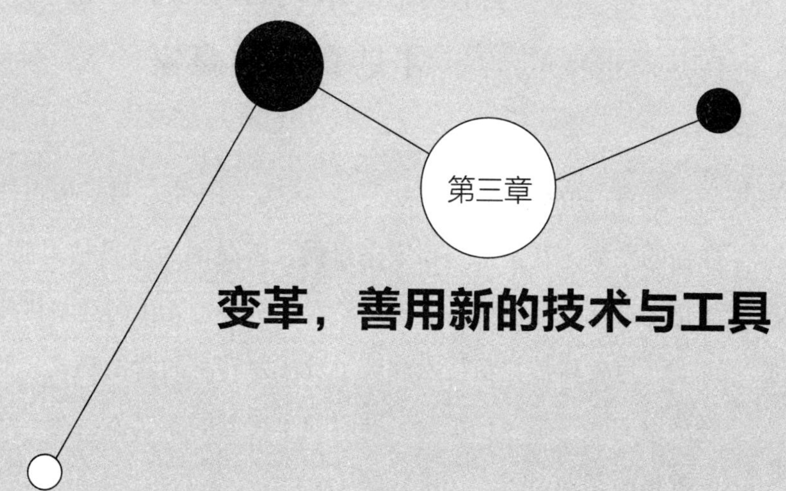

第三章 变革，善用新的技术与工具

善用新技术与工具的企业
才是真正的赢家

我有一位很要好的朋友，是一位科幻作家，最近他很郁闷，他感慨现在的作家尤其是科幻作家很难做，不是因为文思枯竭或者题材有限，而是无论你怎样发挥自己的想象力，似乎也无法超越新科技展现的精彩现实。这就像依托新技术和新工具华丽转身的营销模式，不仅对企业等经济组织来说是一场革命，同时异军突起的新媒体也在不经意间把每个人都推向了前台。

什么是新媒体？就是基于互联网新技术支撑体系下出现的媒体形态，比如微博、微信、视频、网络社区等。而微营销就是基于这个新媒体为传播平台，通过“虚拟”与“现实”的互动，建立一个从研发、设计到面向市场的营销模式，这种新技术与传统营销方式相比，可谓是真正意义上的低成本、高产出的营销手段。

微营销带来扑面而来的草莽气息以及与生俱来的豪赌天性，在各个领域中释放着巨大的能量，它创造的种种奇迹，总会使传统营销大跌眼镜，甚至我们有时自身也感觉到它那种裹挟的力量。比如我们从专题片《千里寻子》中就感受到了微博的力量。这个专题片讲的是一个叫邓飞的记者，发起“微博打拐”的故事。邓飞以其“大V”的优势，利用微博帮助湖北人彭高峰在邳州找到被拐卖多年的孩子。没错，这就是微博、微信的魔力，之后还是这个邓飞，利用相同的手段，开启的“免费午餐”等公益活动也在全国范围内如火如荼地开展起来。

新技术和新工具的应用的确给我们带来了很多奇迹，真可谓神器从天而降。当人们低头看手机的时间占据了人们面对面交谈的时间，不是人们不渴望交流，而是交流的形式发生了改变，人们依然唇齿相依、依然骨肉相连，所以，这个时候我们就必须拿出手中的神器向这个世界互通感应。不论是广场效应的微博还是圈子文化的微信，面向的都是粉丝部落，显示群聚集、群散播的魅力。

同样都是在做营销，为什么会出现不同的结果？

很简单，时代在进步，科技在发展。不懂得与时俱进的企业在接下来的营销大战中，必定败下阵来。

商家在参与到营销的大潮当中时，必须要有敏锐的嗅觉，才能及时察觉到营销市场上的“风吹草动”。随着互联网技术的发展，尤其是移动互联网时代的到来，社交平台也迅速发展，那时国内很多优秀的企业家就已经察觉——国内的营销市场有了新技术和新工具的参与，必将发生一场洪涛大浪，而这场大浪所带来的，也必然是营销手段、模式的巨大变革。

微营销的出现，既有打炮轰入般的气势，又有细菌传播般的速度。微营销看似不是主流的营销战场，但是逐渐地，在其中弥漫起的烽火硝烟足以与电视广告等主流媒介相媲美，甚至犹有过之。很多商家这时才意识到微营销还能带来的价值与影响力，纷纷加入，下海捞金，变革背后必然酝酿着更多的机会，比如，在互联网赢利模式的探讨中，有多少方式以及成熟？面对强势的“大 V”，如何发展壮大？如何让目标更明确、定位更清晰？如何实现赢利？怎样在未来的商战中发展成为一个品牌？

面对变幻莫测的世界，如果真的想闯出一条出路，办法就只有一条：改变思路。在互联网统控的世界里，你不仅要改变你的思维方式，还得改变你的工作作风和生活习惯，这就包含着利用这个时代最先进的技术和工具，为我所用，这就能闯出一片天地。这并不难，因为互联网带给人们的改变是大势所趋，我们只需要顺势而为即可。

微博与新营销

1. 什么是微博

渴望成功，渴望成名，渴望站在世界之巅，然后却空怀一腔抱负无处施展，在那个信息闭塞，“千里马常有，而伯乐不常有”的时代，历数古往今来的英雄才子，几乎每个人都曾有过怀才不遇的哀叹，而现在我们遇上了一个极好的时代，在这个时代有很多可以展示自我的平台，电视、网络、微博，这些都是全面开放的大平台，只要你有梦想，够努力，你也可以站在世界的中央，秀出你的“风采”来。

在19世纪，肖邦靠替李斯特演出的方式来推销自己，在2006年，李宇春、张靓颖等“超级女声”通过电视选秀成功晋级主流歌手，在今天，47岁的奥巴马借助新兴的微博的一臂之力，成功地实现了自己的“美国梦”，当选了美国的总统。

现代科技的发展实在是太快了，让一切不可思议的事情，变成了现实，所以不要嘲笑任何一个胸怀大志的人，因为在微博的时代，只要你敢做梦，敢追梦，“微博”就敢让你的美梦成真。

这个好像充满着魔法的“微博”到底是什么？

微博就是“微型博客”（micro－bloging），它是一种非正式的迷你型博客，是最近兴起的一种 Wed 2.0 表现，是一种可以及时发布消息的类似于博客的系统。它较大的特点就是集成化和开放化，用户可以通过手机、IM 软件（Google Talk、MSN、QQ、Skype）和外部 API（应用程序编程接口）换口等途径向微博中发布消息。它的另外一个特点就是这个“微”字，在过去的十多年里，消费者每时每刻都在遭受着无数信息的轰炸。怎样才能把线上、线下的信息传达给消费者，并且让他们真正关注这些信息，是我们面临的巨大挑战。而且，消费者没有这么多时间去一一处理这些信息，他们的时间呈现碎片化特点，他们要求的是简短又易懂的信息。一封长达 3 页的营销邮件可以直接被扔进垃圾箱，因为接收者没有时间阅读，而一段 140 个字符的微博只需几秒的时间就可以搞定。

微博通过不超过 140 个字的微型博客，可以表达自己，传播思想，吸引关注，它是与人交流的最快、最方便的网络传播平台，用户在 140 个字内发表信息，文字、图片、视频、链接都可以嵌入其中。人人都能在微博上交到新朋友、获取新信息，也可以成为意见领袖，只要你说的话有人愿意听。

在微博上，可以上传自己喜欢的照片与大家分享，如果能配上一段文字解说，效果更好。你也可以在微博上阐述你对某一事件的观点，自由地表达自己的独特思想，展现自己的睿智锋芒。或者，你还可以在微博上放上自己喜欢的视频链接，如果是原创的就更好了。

较早、较著名的微博是美国的 Twitter，根据相关公开数据显示，截至 2010 年 1 月，该产品在全球已经拥有 7500 万注册用户。2009 年 8 月，中国较大的门户网站新浪网推出的“新浪微博”内测版，成为门户网站中第一家提供微博服务的网站，微博正式进入中文上网主流人群的视野。

2. 微博与现代商业活动

在信息碎片化的网络时代，人人都是媒体，每个人都可以作为一条信息的源头，具备传播属性，当这个信息渗透到个人的社会化人际关系网络中时，就可能会引发大规模传播之势，随着微博的兴起和黏性的增强，微博营销越发彰显出诱人的吸引力。

微博营销是比较新的一种网络营销方式。每一个人都可以在新浪和网易等网站中注册一个微博，然后通过更新自己的微博，就每天更新的内容跟大家交流，或者分享大家所感兴趣的话题，从而达到营销的目的。

对于企业来说，你也可以为你的企业注册一个微博账号，这样你就可以在任何时候，就你比较感兴趣的话题更新你的状态，当然，作为一个企业账号来说，你更新的内容要能突出你的品牌形象，同时又要加入一些你的个性进去。

微博一个重要的应用就是关注别人，当你关注了某个人，他的更新就会显示在你的主页上，这样就能很方便地浏览你感兴趣的人的内容了。同样，当别人关注你的时候，你的更新也会显示在他们的主页上，方便他们浏览你的内容，继而他们的粉丝也可以看到你的状态。这种信息传播方式所带来的关注人数和品牌知名度的提升，是你在自己的网站上花相同的时间所无法实现的。此外，它还是完全免费的。

在微博中，信息发布者又称为“博主”，阅读和订阅这些信息的访问者又称“粉丝”，“粉丝”越多，说明微博越热，关注度越高。

同其他营销推广手段相比，微博营销具有很多得天独厚的优势。如果网络营销者将这些优势运用得当，那么可以起到非常好的营销效果：

①微博营销的信息发布便捷，传播速度快；

②微博营销的成本极其低廉；

③微博营销互动性强，能与粉丝即时沟通；

④微博营销能使企业形象拟人化；

⑤微博营销可以与粉丝（用户）建立超越买卖关系的情感；

⑥微博营销可以主动吸引粉丝，同时也可能被粉丝抛弃；

⑦名人效应能够使事件的传播量呈几何级放大；

⑧微博营销的粉丝积累过程缓慢，需要长期投入，营销效果难以评估；

⑨微博营销的每条信息引起的反应可能千差万别，容易产生负面影响。

这是一个真实的故事。一些企业把 Twitter（美国的社交网站）作为他们唯一的营销工具，却依然取得了成功。Seesmic 公司（一家在线微博客平台）刚起步时没有任何的市场营销预算，仅凭一个 Twitter 账号（@loic），在短短一年内，就拥有了超过 200 万的用户。CrowdSpring（一家创意设计交易平台）是另一家几乎只靠 Twitter 账号（@crowdspring）就在市场上大获成功的企业。

微博最起码为企业提供了与广大网络受众联系并建立良好关系的机会。如果你的客户们都在使用微博（可能性很大），那么你也必须要加入进来。你可以将微博看作商业工具，用于多种用途，比如说营销、客户服务、招聘、市场研究等。戴尔公司的@ DellOutlet 账号就在成功地进行网络直销。康卡斯特公司的@ ComcastCares 账号则专注于客户服务。总之，微博可以被企业内不同的部门用作不同的用途，但是最重要的目的还是提升客户关系。

总的来说，微博营销是比较适合网络营销人员采用的一种营销策略，不单是因为他的成本低廉，还因为微博营销的立体化、高速度和便捷性。

微信与新营销

1. 什么是微信

博客最大的缺点就是太长，写博客的人，因为太长往往写到一半，就不知道写些什么，不知道自己要表达什么，看博客的人因为生活和工作节奏的加快，很少会有人有那个耐心，于是就有了“微博”短短140个字，再配上一幅图，再加上一个视频，或者一个链接，这样一个故事、一个场景、一个新闻、一个爆料就出来了。所以大家现在都在玩微博。

可是随着新技术和工具的出现，140个字并不能解决所有的问题，还是有很多人想说得更多，想晒得更多，想私密一些，想更简单一些，想边走边玩。这样“微信”就应运而生。

2012年中国最热门的互联网应用，除了微博，那就数微信了，让我们来看一组数据：2011年1月，“微信”正式面世，6个月后其用户数量突破1000万；2011年11月，“微信”用户突破5000万；2012年3月，“微信”用户突破1亿；两个月后，“微信”用户突破2亿。

自2011年下半年以来，“微信”这个词就频繁的出现，到底什么是微信?

官方微信的解释是这样的：微信是腾讯公司于2011年年初推出的一款通过网络快速发送语音短信、视频、图片和文字，支持多人群聊的手机聊天软件。用户可以通过微信与好友进行形式上更加丰富的类似于短信、彩信等方式的联系。微信软件本身完全免费，使用任何功能都不会收取费用，微信时产生的上网流量费由网络运营商收取。因为是通过网络传送，因此微信不存在距离的限制，即使是在国外的好友，也可以使用微信对讲。

笔者在这里给大家总结一下，其实微信相当于另一个 QQ（即腾讯 QQ，是一款基于 Internet 的即时通信软件）。但是不同于 QQ 的是，它在交友这块表现得更具时效性，也更强大。不论是塞班、安卓还是苹果的手机用户，只要安装了微信，就可以进行跨手机平台的畅通聊天。总的来说，微信具有零话费、跨平台沟通、现实实时输入状态等特点，与传统的短信沟通方式相比，更灵活、更智能且节约资费。

2. 微信与现代商业营销活动

微信诞生时，最初的定位就是一款移动通信工具，此后，逐渐向移动社交平台和移动开放平台拓展。随着用户数量的飙升，它也不可避免地像其他互联网所有产品一样，涉及赢利模式与营销的问题，特别是微信公众平台发布之后，业内对其商业化的期待也水涨船高。

通过上面的分析可见，微信的特性使其商业营销具有自身的特点，它的营销与“一对多”为主要沟通方式的产品不同，它属于一对一的精准化营销，相比而言，微信发布与沟通的成本要高一些，需付出更多耐心与精力。下面我们从微信现有的功能和条件出发，分析其营销的可能性。

（1）庞大的用户群

数据显示，截至 2012 年 12 月底，我国的网民规模达到 5. 64 亿，其中移动互联网网民数量为 4. 2 亿，而且每年还在呈 18. 1% 的速度上升。另外，网民中使用手机上网的比例也继续提升，由 69. 3% 上升至 74. 5% 。微信的崛起很大程度依赖于这个显示条件，到目前为止微信拥有 3 亿多用户，值得一提的是这些用户基本上都是真实用户，比起微博众多的“水军”，可以有“僵尸粉”，微信不可能，因为微信的申请条件可以关联 QQ 号，也可用手机号，这相当于把运营商和国内最大的即时通信工具结合起来，更是两者的“精选”，而且同一个终端只可能登录一个账号，也就是说，无论是何目的，所有微信账号的背后，都是一个实实在在的个体。

（2）营销功能

就目前来看，在微信已发布的功能中，具有营销可能的有“漂流瓶”“二维码”“开放平台”以及作为 2012 年一大亮点的“公众平台”。

①漂流瓶。用户可以发布语音或者文字然后投入“大海”中，如果有其他用户“捞”到则可以展开对话。如今，已有机构用“爱心漂流瓶”与用户互动活动。这一功能的缺点是过于随机、不稳固。

②开放平台。类似于苹果 APP Store（苹果应用程序商店）的功能，微信向开发者开放平台，用户可在开发者的 APP 中看到某个精彩内容分享到朋友圈，以类似于口碑营销的方式，让微信平台可成为开发者的免费推广平台。

③二维码。通过简单扫描二维码加关注的形式实现线上线下互动，目前颇受快餐店、影院等商家的青睐，可以此进行促销、招揽顾客，成本低，效果直接。

④公众平台。这项开放于 2012 年 8 月 17 日的功能，一经推出便备受瞩目，被视为当下最利于开展营销的功能。它类似于微博的机构认证账号，可用于集聚粉丝、与用户互动沟通。同样，官方微信账号需要加 V 认证（第三方网站身份认证）。

（3）电商和支付

电商，特别是移动电商，也是一个被期待的领域。腾讯生活电商此前在其宣讲片中描绘未来的 O2O 时，曾大力描绘过通过微信“一摇”现支付的场景。

2013 年 2 月，腾讯电商控股 CEO（首席执行官）吴宵光透露，腾讯正尝试微信语音销售，即用户可直接在微信中说出所需商品，便可以和商家直接沟通，甚至完成交易。当然，要看到的是，移动端用户消费习惯的培养需要一定时日，此外，终端与后台强大的支撑也是必需的。

（4）微信广告

广告是互联网产品最基本的商业形式，在微信上也是如此。据一些草根公众账号的运营者透露，在没封杀之前，有 1000 个真实粉丝的微信公众号，群发一条广告的单价为 1000 元。不过，对极其重视用户体验的微信团队而言，对广告非常慎重，即使腾讯内部的广告也不例外。据张小龙回忆，此前微信经常推送腾讯产品的广告条，影响用户体验。在内部会议上，腾讯董事会主席马化腾要求控制这类推广，“目前在微信中基本看不到这类推广了”。2012 年 11 月，因部分账号的过度病毒式营销，微信也发起过一次大规模清理整顿行动。

微视频与新营销

1. 了解一下微视频

Google（谷歌）以 16.5 亿美元的天价收购 YouTube（一个视频网站），业内众说纷纭。有人叫好，也有相当多的人士不看好。对于视频在国内的发展，有部分媒体还在惊呼“视频是个大泡泡”。尽管人们对这次收购案有着见仁见智的理解，但是有一点大家是有共识的，即 YouTube 所开创的微视频的模式有着广阔的发展前景。

随着微博、微信的广泛普及和应用，以及微小说、微漫画等应用的兴起，微视频在沉寂几年后再度受到关注，“微视频”泛指时间很短的视频短片，一种说法是不超过20分钟，一种说法则是1分钟之内，对于微视频的概念，优酷网总裁古永锵解释说："微视频是指短则30秒，长则不超过20分钟，内容广泛，视频形态多样，涵盖小电影、纪录短片、DV短片（数字视频短片）、视频剪辑、广告片段等，可通过计算机、手机、摄像头、数码摄像机等多种视频终端摄录或播放的视频短片的统称。微视频的'微'是指，'短、快、精'，'普众化'，大众参与性、随时随地随意性等是微视频的最大特点。"第一视频网对时长介于3~5分钟的视频，适合于所有终端浏览和展示，尤其是手机。

尽管在不同的传输网络中手机的内容提供会呈现很大的差异，但有一点可以肯定，手机用户对单个节目的时长有一个忍受的极限，这是由手机的媒介特性决定的。调查显示：51%的受访者表示如果用手机看视频，所能忍受的单个节目的时长为5~20分钟。对于流媒体形式的手机而言，最受用户欢迎的节目时长在3~5分钟。所以基本上我们把视频时长为30秒~20分钟的视频都称为"微视频"。

不难看出，微视频仅仅是一个视频内容时间长短的藐视，微视频我们还可以从他的来源来判定：一是传统影视节目的精彩剪辑；二是手机用户或者其他视频兴趣爱好者的DV制作；三是专业的制作机构针对手机的特性为了某种营销获得特有制作的。

微视频具有以下几方面的内容。

（1）微视频具备互动性

视频媒介可以进行单向、双向甚至多向的互动交流。观看者的回复也为该节目起到了造势的作用，比如有较高争议率的节目的点击率往往都是直线飙升的。

（2）微视频具备娱乐性

微视频对受众主体地位的强调及媒体内容选择的内在动力，造成微视频高举娱乐大旗，其提供展示的也多是轻松有趣的关于音乐、明星、旅游、动物等分享类的视频。从这点上说，微视频已成为大众解除心理负担、缓和精神压力的通道，同时也是人们分享信息、分享快乐的方式方法。微视频内容的娱乐性与草根性紧密黏合，成为当下微视频短片日益深入人心的一个重要原因。

（3）微视频是“快餐性”文化

微视频的“短、快、精、随时随地随意性”正好迎合着时代。瞬息万变社会中的高频率、快节奏使得散居者往往不再寻求精英文化，他们希望时间上简短，意义上精练，而微视频正是在这种快餐文化诉求中发展壮大。

（4）微视频是非权威、低门槛的，主要以娱乐功能为主

网络视频节目制作者分散，水平参差不齐，节目的上传仅仅代表个人行为，并不与发布网站的舆论形象挂钩，因而不具有权威性。由此，显得更加大众化。

2. 不可低估的力量

微视频是指专门在各种新媒体平台［各种具有视频功能的手持移动设备，比如3G（第三代移动通信技术）手机、平板电脑等］上播出的，适合在移动状态和短时休闲状态下观看的、具有完整策划和系统制作体系支持的完整的故事情节（专业制作商制作或委托制作、有专业或业余导演和艺人或草根群众参与、以产生话题为目的、适合广告植入、具有某种连续性和后开发潜力）的“微（超短）时”（30秒～20分钟）放映、“微（超短）周期制作（1～7天或数周）”和“微（超小）规模投资（几千至数千/万元每部）”的视频（“类”电影）短片，内容融合了幽默搞怪、时尚潮流、公益教育、商业定制等主题，可以单独成篇，也可系列成剧。

微视频更适合新媒体平台播放，比如微博（比如多名专家认为的适合3G手机，觉得微博、苹果系列更为普遍），在移动状态和休闲状态观看，决定了微电影系列必须轻松，在某一个亮点短时，更迎合目前碎片化的信息状态和浮躁心理。

微视频是什么？我们基本已经很清楚了，通过前面的分析，我在这里有一个大胆的预测，回顾过去，因为淘宝的到来，让一部分人由草根创业者变身商业巨头；而微博、微信等的到来，又使得一部分人的财富发生了裂变。

像星巴克、小米、7天、杜蕾斯这类我们所熟知的品牌商家，还有靠微商卖生鲜、卖水果、卖服装等的普通商家，成功案例不一而足，这部分人之所以赚得盆满钵满，主要是因为他们是第一个敢吃螃蟹的人，有人说商业就是冒险，我不这么认为，我认为商业就是引领时尚、抓住机遇、果断出击，这样便可以取得成功。

科技发展日新月异，我们这个时代的“螃蟹”又是什么，这的确是我们值得思索的问题。纵观我们整个经济时代，移动互联网技术的进步及智能终端发展，微视频这个移动互联网时代掘金新体验俨然搭上了顺风车。

微视频这个风到底顺不顺，我们要从以下几点详细谈谈。

首先，互联网时代经历了从门户网站、论坛社区、博客、SNS（社会性网络服务）、微博、微信的发展，很显然，接下来就是微视频的时代。

其次，在这个信息传播碎片化的社会形态下，人们是很难将一部长视频分秒不落地看完，因为微视频时间占用短、流量耗费少，它的出现已使广大用户的需求得到满足，又因其强大的腾讯背景依托，微视频的前途可谓一片光明。

对于广告商、营销人员来说，微视频通过故事化、情节化的内容，全面展示品牌内涵，突破了 5 秒、10 秒、15 秒甚至是 30 秒常规电视广告的限制，从而实现与消费者多层面、深层次的沟通。同时，通过微博、微信的导流让视频点击倍增，越来越多的广告主开始尝试以移动互联网人群为目标，单独制作视频内容，充分利用以微博、微信为代表的社会化媒体和社交网络来进行传播。将微视频应用于整合营销，将是视频营销与社会化营销深入发展的必然产物。

最后，关注一下我们每天都要接触的移动终端。有这样一种说法，现在有很大一部分人已达到“手机在人在，手机不在人疯”的境界，的确如此，拿我们自己来说吧，我们都好像有手机不在恐惧症，手机没电啦，总是害怕别人打电话找你找不到，坐车的时候总是想拿出手机看看，消磨时间，好像没有手机来消磨时间，时间会过得很慢一样。有关数据显示，近 6 成 85 后 90 后每天用手机上网超过 3 个小时，甚至有 31. 6% 的人每天会在小小的屏幕上花费 5 个小时以上。所以在我们如此的“拥护”下，再加上 4G 时代的到来，微视频不火真的没有理由。

所以微视频这片蓝海正在不断地变红，在变红之前，也恰恰是蕴含商机最大、最多的时候，敢不敢去吃这第一口螃蟹，就看你自己的了！

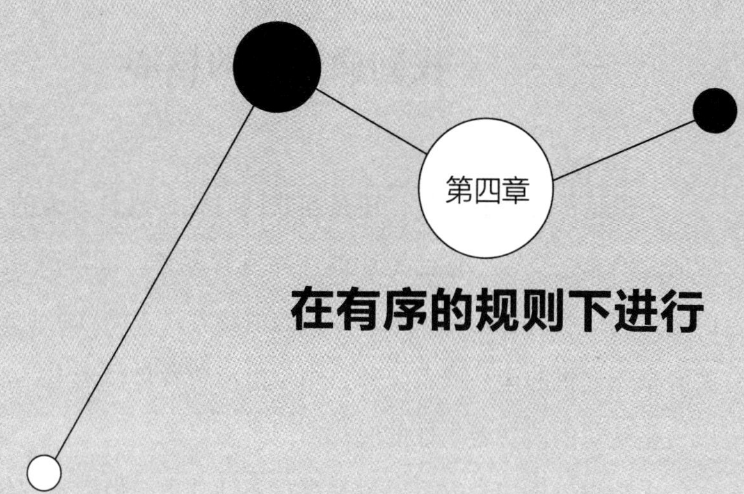

第四章

在有序的规则下进行

找到微营销的核心

不论是传统商业时代，还是互联网时代，或是今天的大数据时代，任何营销总是要推广自己企业的产品或者服务，微营销当然也不例外，但是比起传统的打靶营销来，今天的消费者是否浏览企业的网站，是否关心企业提供的产品或者服务，则是由消费者自己来主导，这个时代可以说是绝对的消费者主导的时代。

大数据世界的内容可以说是多得不计其数，但内容的优劣将由其消费者来判别。这些消费者必定是选择他们最感兴趣或者满足其价值的企业或者企业的产品和服务，如果他们不感兴趣，因为对于他们来说，他们有更多的选择，所以他们可以立即摒弃，去选择自己最中意的。

所以在消费者具有高度主导权的情况下，迎合消费者的价值需求，正是微营销的核心观念。迎合消费者的价值观，就可以赢得他们。惹恼他们，或是不请自来地侵扰他们的上网时间，必然会失去他们。

所以在大数据时代，打动消费者就等于成功了一半，我们举个最普遍的例子，比如戴尔这个品牌，相信大家都知道，很多人都是用它的电脑，它的产品质量可以说不是最好，品牌也不是最响亮的，下面，我们来看一组数据，2009 年 12 月 10 日，戴尔宣布，从 2 年前开始通过 Twitter 吸引新客户以来，它在 Twitter 上进行的营销活动，已经给该公司带来价值超过650万美元的计算机、配件和软件订单，而且2012年的营业总额达到611亿美元，而且不论是不用花费一分钱做宣传的Twitter还是线下，为何戴尔的销售额能持续走高，就是因为他们能抓住营销的规律，实时采用微营销。最重要的是，他能通过服务和产品，经营销售策略，抓住消费者的心，这正应了那句话，抓住消费者的心就等于成功了一半。

抓住消费者的心，有多么重要，我们还可以从另一方面来说明。为什么微营销策略比较符合现在的营销形式，因为它能使企业和消费者之间建立一种朋友关系，而且通过互动这种朋友关系，更加密切，这就是我们之前常常提到的忠实客户的关系。在这个商品同质化越发严重的时代下，产品之间的竞争想通过产品质量取胜，难度很大，再有一则数据显示，消费者在达成交易的时候，朋友的建议可以达到80%，如果你可以发动你的朋友，作为你的“促销员”，再去影响他的朋友，那这种忠实客户的增长可以说是成几何式放大，潜力非凡，所以，从这方面讲如果企业能抓住消费者的心，让他们成为你的朋友，那结果可想而知。

要想抓住消费者的心，不是那么简单的事情，在大数据的背景下，消费者观念和消费者行为都发生了很大的改变，而这些变化又将对营销理论和模式产生重要的影响，在新的环境下，消费者的这些变化主要表现在哪些方面呢？

1. 消费者从大众中分离出来

在传统的营销策略中，面对的是一般大众，即任何一个人都是企业潜在的消费者，都是营销策略考虑的对象，所以在营销中无疑会出现广告花费过大，具有较大的盲目性。

在大数据时代，这一状况发生了显著的变化，因为微营销系统可以为消费者提供全方位的商品信息展示和多功能的商品检索机制，所以，消费者一旦有需求的话，就会采取上网搜寻的方式，所以这部分人才是真正的消费者，企业的广告宣传、营销策略要针对这部分人，这样才更科学合理，而不应该是泛泛地宣传一般性的商品信息。

2. 消费者直接参与生产和商品流通循环

传统的商业流通循环是由生产者、代理商和消费者三者组成，其中代理商在其中起到非常重要的纽带作用，对于生产者来说，所谓市场导向是通过商业机构的订货趋势来反映的，相对于消费者来说，所谓选择和挑选商品也是在代理商所提供的商品范围内进行的。这种情况消费者不能像消费者直接表达夙愿。

而大数据时代，这种情况将会发生根本的改变，生产者和消费者可以直接构成商品流通的循环，其结果是商业的部分作用逐步淡化，消费者将直接参与企业营销的过程，生产者也更容易掌握消费者对产品和服务的需求。

3. 由盲目购买到理智购买

由于大数据系统巨大的信息处理能力，这为消费者挑选商品提供了空前规模的选择余地。在这种情况下，消费者会理智地考虑各种购买的问题，所以对于生产者来说，要充分把握消费者的需求，生产优质并适合消费者需求的产品，才是唯一赢得消费者的正确出路。

综上所述，要想获得消费者的认可，最重要的就是把消费者体验放在首位，思消费者所思，想消费者所想，采取消费者体验策略，抓住消费者的心。

（1）真正从消费者需求的角度出发

商品信息首先要全面而准确地送达到消费者处，这让消费者了解产品的信息。商品信息全面性主要是指展示设计中采用多种手段，如文字、图形、图像、动画、视频、虚拟模型等多种手法表现商品全方位的属性与特征。

（2）在产品和服务的设计上力争精益求精

通过精心设计，为消费者创造感官体验，力争达到以“形色”悦人，以“声”动人，以“味”诱人，以“触感”撩人，以“视觉”吸引人的效果。因为在现在的环境里，只有那些能真正刺激消费者感觉、心灵和大脑，并且进一步融入其生活方式的体验，才会使其内心深处感受到强烈的震撼，才能真正俘获其感官甚至心灵，从而得到其支持和认可。其中最有效的方面，是根据消费者偏好，设计相应的主体烘托消费者情感。比如企业的设计可以根据商品品牌定位、品牌故事、特殊节日等相关因素来为网络环境下的商品展示拟定主题，烘托消费者特定的情感，触发其内心与网络购物环境产生共鸣。

（3）给消费者打造互动式体验，这样可以更好地达到信息反馈

每个消费者在相同的体验中或许所得到的感受也是不一样的，只有知道了消费者的想法才有可能对商品体验设计做出改进。因此，收集受众的体验效果与反馈信息是产品设计的一个重要环节。微营销的时代，这些都不难，只需要我们发出一个话题，并提供消费者相互交流体验的平台，在朋友交流互动间，这些信息便会收入囊中，另外消费者还可以为其体验做出评价和建议。

（4）引导消费者快乐购物

快乐购物好像是现在这个时代的购物主旋律，很多人喜欢逛街，是因为逛街能给他们带来某种喜悦，很多人不愿意逛街也是如此，人们都想轻松购物，快乐生活。如何引导消费者快乐消费呢？比如给消费者适当的忠告、温馨的提醒，甚至可以根据消费者的偏好推荐其可能喜欢的商品。选择商品时支持消费者输入自身需求的商品规格参数、需求信息等，达到快乐购物的目的。例如美国 H&M 服装销售公司在网络商品展

示中推出了虚拟试衣系统，消费者只需根据自己的体型选择一位模特，就能确定服装的规格，避免服装尺寸上的计算过程，消费者对服装合体性的判断变得简单。同时可以选择模特的肤色、发型、身体特征、高度、体重以及眼睛的颜色、鼻子、嘴唇等，似乎进入了一种游戏状态，使购物过程愉悦无比。

大数据时代的微营销导航图

微营销的出现，确实为现在的营销理念指引了正确的方向，很多人也抓住了其中的商机，成为微商，赚得盆满钵满，但也并不是说成为微商，并采用微营销策略就一定能取得成功，微营销是一个系统的流程，需要我们正确的经营方能见效。我们都知道人生需要经营，事业需要经营，婚姻需要经营，家庭也需要经营，那么营销是不是也需要经营呢?回答是肯定的，而且这种经营是一个长期的过程，是制定目标循序渐进去完成的过程，不可能一蹴而就。可是身处在这个浮躁的时代，很多的人的心态也开始逐步变得浮躁起来，总是梦想着快速的赚钱，快速的成名，都喜欢今天播下种子，明天就长出果实，这可能吗?

当然微营销也不仅仅是在朋友圈、微博平台发发产品图片、文字描述那么简单，微营销里面包含着营销策划、品牌策划、运营以及销售方法和策略，面对如此复杂的流程，我们首先要做的就是为我们的微营销制订一个明确的目标。有目标才有方向，有了目标我们才能更清晰地看清楚我们身在何处，这个目标分为大目标和小目标，也被称为远目标和近目标。远目标是一个整体的规划，近目标可以是分阶段达成原目标的一个个小的分解，长远目标可以是指未来一年、三年、五年，想要达到什么样的收入目标，用几年的时间成功树立自己的品牌，小目标或近目标是指比如每月可以增加多少微信粉，或者发展几个微信代理商等，这些小目标就像是迈向大目标的脚印，只有每个脚印走踏实了，那么大的目标才可以实现，未来你期望的那个美好未来才能到来。

设定好企业微营销的目标之后，需要具体的目标拆解，按照步骤循序渐进地向前推荐。企业微营销策略规划有如下几大步骤。

1. 确定目标客户群体

建立微营销策略，首先就需要定位企业的目标消费人群，结合自己产品的特征，找寻符合本身企业的目标人群，然后对目标人群再进行调研，充分了解目标客户群体。有人把定位目标客户群体比喻成钓鱼，我感觉非常的恰当，钓鱼的时候我们要分析：钓哪种鱼、这类鱼的活动区域、鱼的性格爱好、这种鱼最喜欢哪种饵料、最后筛选鱼。

（1）钓哪些鱼——找准客户群体

是什么决定你的客户群体，当然是你的产品和服务，当然也可以根据客户群体的特点反过来设计你的产品，不管怎样，我们这些都要明确，比如我们设计一款“水泥王耐磨篮球鞋”，我们目标人群肯定是爱好篮球、喜欢在篮球场挥汗如雨，而且选择篮球场地一般是水泥地，这类人很少愿意花钱去室内场馆也就是木地板场馆，另外，这种就是强度运动型，相比于“舒适性篮球鞋”、“防臭性篮球鞋”对于他们都不是那么重要，所以企业在确定客户群体的时候，一定要精准，这样才能达到精准定位营销。

（2）鱼的活动区域——客户群体的活动范围

不同的客户群体有不同的特征，即使是同一客户群，也会因为消费能力、年龄等不同而存在一定的差异。

我们还拿那款“水泥王耐磨篮球鞋”来举例，我们都知道篮球爱好者有一双好的篮球鞋至关重要，但是篮球鞋的价格也不便宜，打篮球也特别费鞋，所以，篮球鞋的耐磨性对于一个经济不是特别宽裕，而且天天都厮杀在篮球场的屌丝来说非常重要，这款篮球鞋的定位就是这类人，比如一些大学生，所以这一切的篮球鞋的忠实客户群就是大学生群体，而像永不变形或外形个性，所定位的人群就不一样。

所以企业真正的找准客户的活动范围，并作出详细的分析，可以从他们的性格、社会阶层、年龄段、消费能力、兴趣爱好等入手，这样也可以找到精准客户。

(3) 鱼的性格爱好——客户的兴趣爱好，性格特征

分析目标客户的兴趣爱好和性格特征，是为了帮助企业做出正确的决策，比如设计产品、有针对性地做出相应的宣传等。

三国时期的诸葛亮的空城计，可以说是千古绝唱，为什么诸葛亮敢这么做，是因为他了解司马懿多疑的特点，而且他还知道司马懿对他的了解是谨慎不冒险，于是诸葛亮对症下药，司马懿上当。

当然，性格、爱好这东西太过宽泛，要想分析也不容易，我们其实只要了解客户群的爱好就足够了，比如现在的老大爷、老大妈爱跳广场舞，这就是他们群体的爱好。

(4) 鱼最喜欢哪种鱼饵——客户的根本需求

消费者之所以选择你，是因为他有无法解决的烦恼，而这个烦恼，在你这刚好有能够满足他的解决方案；是因为你的产品和服务能满足他们的需求，能给他们创造价值，这就是对客户最有吸引的“饵”。

(5) 筛选鱼——细分客户群体

比如我们钓鱼的时候，吸引的鱼很多，最好的方法就是用网，但是有些鱼我们又不想要，怎么办？那就是改变网眼的大小，小鱼自然流失，网得大鱼上岸。

对于企业来说，如何筛选客户呢？最主要的方法就是价格调节，不同的价格面对不同的消费人群，如果做高端群体，就制定出高端客户的价格，千万不要想着能把整个大群体的生意都做了，不同阶层的消费观念是不同的，要懂得“小网捞不到大鱼，大网捞不到小鱼”的道理。

通过以上的分析，只有找到精准客户群，我们才能进行精准营销，那样才能事半功倍，取得成效。

2. 企业要寻找到合适的平台

企业需要定位自己的平台，我们的平台究竟要给粉丝提供哪些内容。建立的初衷是为了彰显品牌，进行宣传，还是为了立足于服务，为粉丝提供售后以及咨询服务，要提前考虑清楚。内容意味着营养，有营养才能有粉丝。在这个平台上，需要制定营销的倾向点，简而言之，就是营销需要倾向于哪一类粉丝，需要倾向于哪一类活动，需要在什么时候做内容群发推送，这一切需要做出详细的安排。

3. 我们还需要建立执行团队和监督体系，保证实行到位

毕竟再好的策略失去了执行，也就没有了意义。微信营销策略规划对于一个企业微信营销发展有很大的关系，做了详细的规划，脚踏实地，一步一个脚印，最终一定能成为成功的微商。

一定要注意的微营销误区

新事物的出现，除了自身要不断地去适应这个陌生的环境，同样，旧事物也会对其百加阻挠，相比发展之路也会非常的坎坷，微营销出现的初期，也是骂声一片，有人说不花钱就想做产品宣传，简直是白日做梦，有人说微信、微博只是朋友之间交流的工具，陌生人谁会加入等，

有的把微营销贬得一文不值，有的则恶意中伤，骂骂也好，骂骂微营销才会有所成长，未来也才会有更多的发展机会，更让大家理性的来看待微营销，使微营销真正发挥它的威力，为更多的企业造福利，我们一直在谈论一个话题，如何优化？就是找到误区，并把它扶正，我们在这里总结了微营销的几点误区。

1. 只要传播就能获得好效果

有一部分人，我们称这部分人为微营销无敌论者，他们认为只要做了微营销，就一定能为他们的产品创造出一条光明大道，我们前面也说了很多微营销的优点，“微营销”这个概念的确很时髦很新潮，当然也是好东西，是比较新颖的营销渠道和营销方式。但话又说回来了，“微营销”和传统营销的区别，也只是营销方式和营销方法的问题，比如，西方人吃饭用刀叉，而我们东方人则用筷子，其最终的目的就是要解决饥饿问题，“微营销”只是一个工具而已，刀叉或筷子而已。

我们都知道，好营销口碑形成的最基本要求就是必须确保拥有优秀的产品质量，劣质和低劣的产品肯定不会给消费者带来良好的消费者体验，所以，在这种情况下，再好的工具，再好的营销手段，都将是无济于事。

微营销能做的，就是借助微博、微信、微视频等这些新颖的方式和手段来帮助优秀的产品，来加速好信息的传播和形成，而不是捏造事实，更不是对劣质产品进行撒谎吹嘘，当然俗话说“好事不出门，坏事传千里”，要真的是劣质的产品，信息传播也会很快，当然产品的品牌形象也好不到哪里去。

微营销还有另外一个显著的特点就是它具有互动性，试想，产品质量不过硬，那么它的使用价值也相比会大打折扣，无论用户怎么用，都不会有很好的口碑，而微营销则可以为消费者提供抱怨的平台，那消费者使用了该产品，产品的差评不断，那前期营销做得越好，产品的缺点越容易暴露在消费者面前，这还可能是在花钱为自己制造负面效应。因此，不管营销手段如何，产品自身过硬的品质才是形成好口碑的坚实基础。

2. 只听好的而忽略负面信息

前段时间闹得沸沸扬扬的“丁锦昊”事件，我想大家都听说过。有网友发微博爆料，在埃及卢克索神庙旅游时，在一座珍贵的浮雕上看到“丁锦昊在此一游”的中国汉字，随即，这条微博被广为传播，当时转发达到了 9 万多次，国内主流媒体和视频网站都进行了跟踪报道，可谓一场轩然大波。丁锦昊被人肉，而且他的家人的正常生活受到了影响，连小区的居民也叫苦连天，更让人感到神奇的是，“丁锦昊”事件引发了网上“缉拿”文物刻字人的狂潮。微博传播速度非常之快，对于易引起共鸣的事件广大网民会积极跟风。

这个事件告诉我们一个道理，微营销是一把双刃剑，运用得当，它必然会给企业带来正面的建设力，当然，也会由于企业的负面声音的自发传播带来极大的破坏力，更有数据统计显示，负面声音的传播速度是正面声音的十倍，这就叫“好事不出门，坏事传千里”。

微博的传播速度之快，覆盖面之广，令我们碰到负面声音时的处理绝不能放松。但是，遗憾的是现在很多企业面对危机的能力，有待商榷，他们往往表现得手足无措、无所适从，因为不知道如何把握而往往采用鸵鸟策略，就是碰到负面声音，干脆不闻不问。问题就出来了，坏消息不可能因为你的掩耳盗铃就会自动消失，在信息传播速度如此快的大环境下，如果不主动处理，那后果将不堪设想。

2008 年闹得沸沸扬扬的“三聚氰胺”事件，很多奶制品企业都在考虑是直面问题还是逃避责任。很多企业选择逃避，最后落了个“国产奶粉”不能卖的恶果，在今天，我们的企业难免会陷入危机旋涡中，我们必须考虑如何将自身利益、公众利益和传媒的公信力协调好，使其一致，并在最短的时间内通过我们先进的传播渠道给公众传达真实的情况，以挽回企业品牌良好的信誉，或者将企业损失降至最低。对于“三聚氰胺”的当事企业，就需要用这种诚恳的态度和大力度的补救措施，这才会让我们大众看到一家奶业巨头应有的气概。

综上所述，在微营销的大环境下，企业绝不可只听好的而忽略负面信息，那样负面信息可能对企业造成的不良影响，既使有好的营销策略，好的执行，都于事无补，或者起反面作用。

3. “病毒”营销就是微营销

自从2013年5月8日海南万宁“校长带女生开房”事件起，20天内至少有8起校园内猥亵性侵幼女案被曝光，最高法院也要求重判对未成年的犯罪，同时网友叶海燕在小学门口举牌“校长开房找我，放过小学生”，也引起网友纷纷发图“开房找我”，保护小学生的风潮。一天多时间内，转发评论就达到了58万条。

“第21张照片”是一个美国拆弹专家莫里斯的故事，他在阿富汗战场上失去了四肢，但女友丹尼尔对他不离不弃，用21张照片呈现了他们的爱情故事，这股正能量很快就在社会传媒中广泛蔓延，人们也纷纷转载，中央电视台央视新闻的官微，也发起了“第21张照片”向英雄致敬，延续正能量的活动，该活动很快就得到了近一亿人的支持。

这些案例都是“病毒式”营销的案例，这是一种非常神奇的营销方法，受众会自动自愿的传播扩散具有企业或其品牌、产品（服务）关键词的信息，以几何数级的速度迅速扩散，相比其他营销手段，它最大的优点就是花费的成本几乎为零，效益很显著，病毒式营销就是找到一个引爆点，然后将企业的商业信息和广告植入，我们称之为信息伪装，很多企业谈及微营销时也要求“制造一个大事件”。其实，微营销是企业众多营销环节中的一环，把微营销从营销中剥离，仅仅依靠微营销就想达到“病毒式”营销的效果，是不现实的，也是不科学、没有效率的。

比如，“开房找我”借助了全民对于时下被曝光的社会之不幸，教育工作者的道德缺失的谴责和追思。“第 21 张照片”事件则是在当时雅安地震后，人们迫切地希望看到正能量的传递，也乐于为传递正能量尽自己的一份力。意思是说，现在传统营销还占据品牌宣传的重要阵地，做好传统营销，用微营销去补充、补全传统营销达不到的地方，这样才能形成“病毒式”营销，取得好的传播效果，单单微营销还无法起到好的营销效果。

比如王老吉这个品牌，如果没有“不上火”的凉茶借助传统手段传播到位的产品认知，如果没有在汶川大地震王老吉一掷千金捐出的那一个亿，如果没有企业之前在 QQ 群、贴吧、论坛等的长期应用，单单在微博或微信上发表一个“封杀王老吉”事件，我想很难达到“病毒式”营销的传播效果。

所以，在这个对话无门槛的时代，学着了解对话并参与对话正成为企业的一门必修课，但这个过程没有终南捷径，微营销根本就是一种“化整为零”、“散落在消费者周围”、“潜移默化”的传播方式和影响过程。

4. 微营销是受限最少的传播方式

很多企业选择微营销，是因为传统传播往往会受到越来越多的法律法规的限制和制约，而微营销似乎由于处在自媒体时代，每个人可以

"想说就说"，似乎这样的传播无门槛，没有任何的限制。其实不然，也许目前我国的法律法规对网络约束不大，但是网络也有自我的道德约束，超过这个范围的炒作必定会带来不良的影响。

企业微营销的目的就是想借助微信、微博、微视频这些平台，传播产品信息，塑造产品品牌形象，不受限制的信息传播，难免会传播一些负面信息，虽然不受约束，没有门槛，可是对品牌无益或有害，这就是一种制约，不能随便的传播。另外就是道德约束，很多炒作给别人造成了的影响，相比营销效果也好不到哪里去。

> 2008 年一个"iPhone Girl"（苹果女孩）事件仅用了 6 天的时间就火遍了全球网络。这一切都源于一个叫作 MacRumors 论坛（一家苹果产品专业论坛）上的帖子：一个网友新买了一部苹果手机，可是却发现在手机内存着一个中国女孩的照片，于是就贴到论坛上，经有关媒体查证，这个女孩是来自深圳富士康观澜科技园手机监测生产线上的员工，照片是监测照相功能忘记删除留在手机里的。这个帖子一出，"iPhone Girl"在网络上就呈病毒式传播，还有的网友开玩笑，把"iPhone Girl"认定为苹果真假的标志。

从这个微营销的角度看，"iPhone Girl"无疑是一个很好的案例，通过小事件，内容经过无数次浏览转载被放大，从而形成了巨大的效应，但是此事件对于那位中国女孩影响很大，某媒体收到小女孩的表姐转发来的短信："我只想做个平凡的人，平凡的女孩。我不想有太大的压力和不想成为别人关注的焦点。那样自己很不自由。对你们和所有关心我的人说一声谢谢，请不要给我太大压力，我只想做个平凡的人。"很显然，太多的关注已经压得她透不过气来了。

这个营销案例不仅因为道德缺失给"iPhone Girl"带来影响，而且还险些为富士康公司带来危机。所以，微营销看似没界限、很隐匿，实际上在里面人人都可以被看个通透，企业有了好的产品，通过正当的方法来促进良好口碑传播的产生和传播，进而使口碑快速扩散，才是正道。如果妄图采用不道德非法的方式，谋取利益，市场也不会买账，最终会伤害企业和品牌。

下篇

微营销的实施

大 数 据 微 营 销

大 数 据 时 代 下 的 微 营 销 革 命

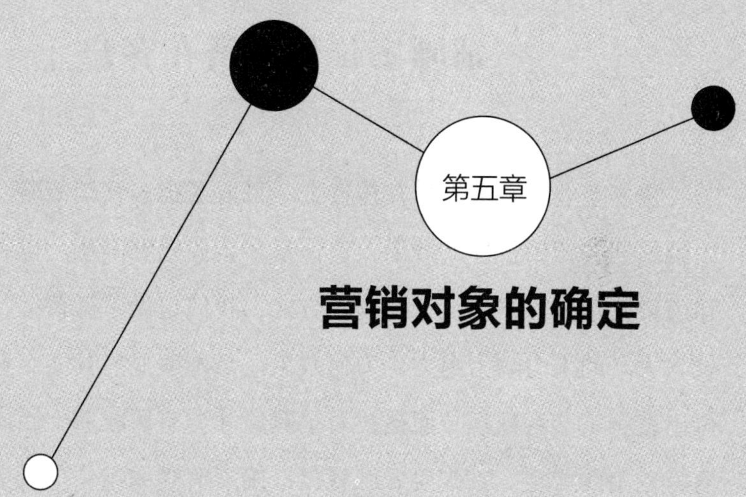

第五章

营销对象的确定

清晰定位你的潜在客户

很多企业花费大把的宣传资金，采取了很多营销策略，但是却没有达到预期的营销目标或效果，这让很多企业感到困惑。也有人说，我们知道微营销是当下最流行的营销方式，我们也做了微营销，而且我们也投入大量的人力物力财力，为何效果还是不明显？其实企业营销并不是付出就一定会有回报，而是找对了对象才会有所收获，因此，企业要想取得营销的成功，首先要做的就是准确、清晰的定位你的潜在客户，找到属于自己的“朋友”，否则，就会出现“选择不对，努力白费”的现象。对于微营销也是一样，他的前提就是要清晰地了解消费群体、营销对象。“谁懂客户，谁拿订单”的道理，相信所有的营销者都非常清楚，难点就在于这样想了，是否真的这样去做了，而且是否努力做到位了。

1. 潜在客户在哪里

俗话说得好，“巧妇难为无米之炊”，企业要想发展，必须拥有充足的客户源，这样才能把业务深入地开展下去，但是也有很多的企业发展和开拓新客户不知从何入手，并感到非常困难，他们死守以往的老客户维持经营，所以，这样就很难做强做大。没有营销就没有销售，同样，找不到潜在客户又何谈营销呢？所以对于企业来说，最重要的就是要找寻那些隐匿的潜在客户资源。总会有很多企业抱怨，市场都饱和了，潜在客户不知道藏在什么地方了？

清华大学市场营销学教授姜旭平认为："发现客户确实是一件特难的事情，但也可能会变得比较简单。关键是在于市场细分和定位。如果市场细分和定位准确的话，你的产品就能有针对性地满足客户的需求，也就会取得比较好的效果。但问题是，为什么许多企业会觉得客户的需求捉摸不定呢？原因就是定位不清。"

传统的营销法则是，营销人员，也就是业务员，不断通过人肉式的电话、登门造访等路径来挖掘和培养自己的客户，这是一种成本很高的方式，并且被拒绝率很高，所以很多营销人员都会感到压力很大，并且还有很多产品并不适合这种方法，这样能够找到一种更为高效的方法，至关重要，鲁迅先生说过："地上本没有路，走的人多了也便有了路"，我在此改编一下："其实客户到处都有，而是我们没有发现客户的眼睛"，很显然一个有效的方式和平台，十分有利于潜在客户的搜寻，在大数据时代，这种与潜在客户零距离交流的互动平台和机制完全具备，说到底是要看企业愿不愿意去做。

温州有个皮鞋厂的老板曾经给我说过，他们以前最担心的就是当年生产的皮鞋款式客户是否买账，不过现在他们利用店铺"掌柜说"，进行了微营销，与客户零距离沟通确定了需求，还提供定制服务，采用了D2C（Designer - to - Customer，设计师对客户），这是一种产品设计师直接面对客户的商品销售模式，这种方式不但为他节省了成本，也降低了很多风险。

大数据时代，潜在客户就在我们身边，我们也学习温州的这家皮鞋厂，我们采用微营销平台，将身边的潜在用户都吸引过来，再利用它们感兴趣的内容，让他们作为我们的朋友，在用柔性的方式向这些精准的人群传播企业理念，最终增强用户和品牌之间的黏性。此时，企业和用户之间已经不再是单纯的买卖关系，而是朋友关系，每个人都可能成为你的朋友，就看你的产品和服务是否能给他们带来价值，这同样也是企业和客户共同努力的结果。

2. 进行精准的客户营销

找到潜在客户不是目的，目的是对其进行精准的客户营销，这样才能牢牢抓住他们。

互联网和信息化的发展使现在的客户呈现分散、碎片化特点，而且这类消费者会使用不同的网站满足其个性化的需求，而传统营销很难捉摸得透这类消费者行为路径，很多专家普遍认为，广撒网式营销推广方法无疑是劳民伤财。

菲利普·科特勒也曾指出，营销推广费用的大部分都打了水漂，仅仅有 1/10 的促销活动能得到高于 5% 的响应率，而这个可怜的数字还在逐渐递减。

现在互联网形态逐渐将用户进行“分类”，更多的人选择适合自己个性的网络圈。比如学生聚集于人人网、女性消费者聚集于淘宝网、媒体公众圈聚集于微博平台等。

传统营销有个圈子营销，它是一种很精准的营销工具，我们身处在圈子中，由于同属某一类爱好群体，就很容易取得他人的信任，并建立联系。比如宝马车友俱乐部在北京的圈子最多时有 3 万多人，可按照他们的不同属性类别建立关联数据库，当有新产品信息或活动时，我们就按照不同属性进行选择，或组织活动，圈子把这种精准营销和快速品牌推广形成的口碑传播推向了极致。

在大数据时代，圈子也十分受用，只不过这个圈子在线上，而且更容易接近。

进行精准营销不只是找到精准圈子而已，我们还需要注意，在消费者导向的时代，企业要想获利，就必须关注客户价值，只有实现客户价值，他们有了很好的客户体验，企业才能获得丰厚的利润和回报，定位好精准客户，研究这个客户群的特点，设法使自己的产品和服务满足他们的需求，从而创造客户价值，也只有这样才能将客户需求转化为公司价值。因此可以说，更高的客户体验是以消费者为导向、关注消费者个体体验的精准营销的真谛所在。

寻找和激励品牌意见领袖

现在买东西，经常采用的一种策略，就是先问、后买。

比如，买书。先去豆瓣，看看大家对想买的书的评价。正方的，反方的，都看看。然后再决定买。

比如，吃饭。先到点评网，请客 800 等，找周边，找口味，找环境，然后再去。

比如，买房装修。先到搜房网，看业主论坛，看业主们怎么评价的，看业主们日常头疼的问题，然后再综合做自己的评价。

信息技术的迅猛发展和互联网的迅速普及，对社会生活和传播形态产生了深刻的影响，并塑造了一个越来越广阔的公共空间。微信、微博、即时通信、网络社区等新媒体的广泛应用，以及智能手机、平板电脑的移动终端的推陈出新，加上三网融合、物联网等新媒体政策的深入实施，使得每个人都可以是信息的发起点，真可谓自由表达无时不有、无处不在，“公民个体价值凸显，政治参与的自觉性、自主性和积极性显著提高，并由社会舆情事件的旁观者逐渐转变为参与者”。很显然这是一个注重口碑传播的时代，所谓口碑是指，由生产者以外的个人通过明示或暗示的方法，不经过第三方处理、加工，传递关于某一特定或某一类的产品、品牌、厂商、销售者，以及能够使人联想到上述对象的任何组织或个人信息，从而导致受众获得信息、改变态度，甚至影响购买行为的一种双向互动的传播行为。

在这里，有一个关键要素非常值得我们去关注和把握，那就是找到口碑传播的“意见领袖”。就在这样一个众声喧哗的公共舆论场中，一个拥有强大话语权的群体也在自由的表达、交流中正脱颖而出、异军突起成为了“意见领袖”。

20 世纪 40 年代，美国传播学家拉扎菲尔德发现，大量的信息会经过一些活跃分子的中转或过滤后，形成价值判断，然后再传递给一般大众。这部分活跃者就是上面我们所提到的“意见领袖”，“意见领袖”比其他消费者更加主动、更加频繁地提供购物信息。

什么样的人可以做消费者的意见领袖呢？首先是那些特定领域的权威专家，其次是权威机构，再次是具有良好个人形象与公众影响力的明星，最后是典型消费者。

意见领袖一般有以下几个方面的特征：首先是人格特征。意见领袖通常是最早出于纯粹的好奇心而试用新产品和服务的人。他们通常是社区的活跃分子，不甘寂寞。而且，意见领袖一般都比较任性，具有公开的、独特的个性，这让他们更可能以与众不同的放松去尝试某些未知的而又让人感兴趣的产品和服务。此外，意见领袖通常具有高度的自信心，可能比一般人更健谈与合群，因而他们更具有影响力。其次是独特的产品知识。意见领袖最大的也是最明显的特征，就是对某一类产品比群体中其他人有着更为长期和深入的介入。由于某些原因，有的人对某些产品或活动有更多的知识或经验，因而在其他人看来，他在这方面更有权威。因此，意见领袖通常是和特定的产品或活动区域相联系的。最后是丰富的市场知识，意见领袖虽然通常是和某种产品或活动相联系的，但也有这样一些人，他们似乎了解许多产品、购物场所和市场的其他方面信息。他们一般也愿意与人讨论产品购物，主动向他人介绍关于产品的大量信息。

在微营销中，利用产品信息和事件传播，让这些在网络上“一呼百万应”的意见领袖群，共同发声，交相呼应，形成更加强大的舆论场，将产生巨大的影响力。

据相关统计，在43位微博“粉丝”超过240万人的演员明星中，有36位对动车事故表达了关注，关注率达83.7%。其中，作为拥有粉丝1203.9万人的“微博女王”，姚晨通过微博为遇难司机辩护，向坚持追问事故责任的媒体致敬，分析政府的危机应对得失，探讨国家科技进步与国民精神温暖的辩证关系，在动车舆情中积极影响设置议程，发挥着“舆论领袖”的积极作用。

1. 谁是你的意见领袖

根据意见领袖的定义，我们显然还是不能准确地找到谁是“意见领袖”。那么这个不一定是大人物、又不一定是固定群体的人物究竟是谁呢？我们该怎样才能把他们找出来？

日本知名市场营销学者中岛正之将消费群体分为三个层次：分别是重度忠诚者、中度忠诚者、轻度忠诚者。所谓重度忠诚者就是完全服从于一个品牌、产品或服务，他们过于熟悉这一切，也乐在其中，就像是苹果的粉丝，十分忠诚，因为他们认为本品牌的一切都是最优秀的，所以他们说的话也许别人不容易相信，他们也许对口碑不会产生太多的贡献；其次是中度忠诚者，这个层次才是品牌的真正传递者，他们是对于品牌谈论和交流得最多的人群。事实上这也是拥有最多消费者的层级，他们乐意成为第一个知道的人，甚至可以说他们是产品的专家，比公司里的大部分人对产品都了解得多。意见领袖是中度忠诚者中拥有最大影响力且最具表述能力的人；而轻度忠诚者很高兴购买一个产品，但是他们不会整天沉浸在品牌之中，对其他的品牌也同样热衷。他们往往扮演的角色是信息的接收者，听取意见领袖的意见，完成购买，当然也可能是口碑的二次传播者。

全球第一营销博客、雅虎前营销副总裁 Seth Godin（人名）认为，口碑传播者分为强力型和随意型两种，强力型口碑传播者主导传播核心的价值，他们就是所说的意见领袖；随意型口碑传播者扩大传播的范围，他们是跟随者和第二层的传播者，微营销要想取得成功，强力型口碑传播者和中岛正之先生提出的中度忠诚者都不可缺少。

因为意见领袖在营销信息的口碑传播中具有重要的作用，营销人员一直都在积极寻找和努力发现自己的意见领袖。比如，根据意见领袖对特定产品异常关注的特点，耐克公司营销人员选择《跑步者天地》杂志的订户作为跑鞋的意见领袖。有些产品因其特殊性质或技术含量而要求意见领袖具有较高的专业水平。比如医生是药品购买的意见领袖，但随着人们对健康和营养的关注，医生在消费者对食品和日用消费品的选择与购买决策方面享有越来越重要的影响力。许多营销人员意识到这一点，纷纷将促销重点转向医生，如保洁公司向医生促销橙汁和食用油、桂格公司定期向医生赠送产品通信等。

这里介绍几种相对普遍的寻找意见领袖的方式。

（1）利用搜索功能

从消费者的角度出发，他对品牌的特性都会给予一定的关键词，我们就从这个关键词出发，便可以定位到精准的消费者，当然这些关键词不能仅仅局限于与品牌和产品相关的词汇，还可以延伸到与目标消费群体习惯爱好相关的标签，例如一个数码产品企业的关键词除了手机、电脑、相机外，我们还可以把旅游、摄影等作为其关键词。建立好关键词后就可以利用这些关键词进行搜索，一般热度排名靠前的信息发布者都有可能成为你们的意见领袖。

（2）跟踪消费者的购买习惯

跟踪消费者的购买习惯，是大数据时代特有的方法，每个消费者每次消费活动都会产生大量的数据，根据这些数据很容易分析出消费者的购买习惯等信息。例如在淘宝平台上店铺可以精确地知道分享自己店铺宝贝的用户，可以根据购买记录知道某个用户对店铺的喜爱程度。根据这些购买习惯，企业能够很快速地找到那些有影响力的买家，并通过给予店铺荣誉、试用等方式让他们成为意见领袖。

（3）培养专有的达人

对于一些产品专业程度不高的企业，其实符合做意见领袖的用户相当多。譬如在化妆品行业的用户中，爱美的女孩子特别多，喜欢分享也愿意分享的女孩子就更多，她们乐于将自己的真实使用感受告诉给其他人。所以，即使店铺难于找到意见领袖，也可以先聚焦到乐于分享的达人，然后让达人逐步了解商品后再成为意见领袖。当然，前提是企业的产品必须具有竞争力。

2. 实施激励意见领袖计划

招商银行办理信用卡有这样一项政策，凡是推荐你的亲朋好友来办卡，办卡成功，你就可以获得丰厚的积分奖励。很多商家也是一样，如果你在本店消费，就可以获赠一个优惠券，这个优惠券你也可以给你的朋友。更有甚者，只要你推荐一个朋友购买其产品，那么你就可以获得相应的奖励。

百年老店同仁堂，没有任何的广告，全靠人们的口碑传播，可见口碑传播对一个企业的重要作用，前面我们举的那些例子，都是在互联网时代企业运用口碑传播的事例，我们前面也谈及意见领袖对于营销的重要作用，所以让意见领袖帮企业做宣传，这是很多企业的期望。

如何激励意见领袖是摆在众多企业面前的首要问题。

消费者都有弱点，就是无法抵御免费的诱惑，企业拿出重金，吸引这些意见领袖无疑是最有效的方法。很多微商采用只要消费者购买产品就获得优惠券，只要分享也可以收到报酬的方式来激励意见领袖。因为意见领袖的作用巨大，所以相应的意见领袖所得到的奖励也是十分丰厚的，但是用金钱维系的方式会招来买家的质疑而丧失意见领袖的本质。所以想让意见领袖持续为企业说话，显然这种方法不是长久之计，我们需要让这些意见领袖，真心地喜欢上企业，心甘情愿地为企业说话。做到这点可不是很容易的事情，首先，你的产品要有足够的竞争力，能唤起意见领袖说话的欲望；其次，让他们全方位地了解企业，经常邀请他们做客企业，参加企业集团活动，参观企业的生产运作过程，了解直到他们认同企业文化；最后，也是我们刚才所提到的，要让意见领袖成为企业的 VIP（要员），包括重金礼待，也可以授予包括店铺达人、店铺特制的分析之星等荣誉称号。

建立关系，让客户成为你的朋友

让意见领袖传颂你的品牌和产品是每一家公司梦寐以求的事，但是发动意见领袖或者发动你的客户是纯属意外，完全碰运气，还是需要一定努力便可以形成的呢？或者换一种说法，我们应该和我们的客户或者意见领袖建立怎样的关系呢？

我们来看以下几个案例。

全世界最大的三家个人电脑公司分别是IBM、HP、DELL，这三家公司的营销人员是这样上班的。

IBM公司比较正规，公司要求销售人员早九点，晚五点，但是不要到公司上班，而是到客户的公司上班，所以，就有更多的时间帮助解决客户遇到的问题，这样客户的认同感就比较强。

HP公司的营销人员压力比较大，基本早上都起不来，所以，上班通常是下午四五点钟，所以，与客户进一步沟通一下产品，就进行后续请客吃饭活动了。

DELL公司的营销人员基本上都是夜猫子，公司要求营销人员晚上八九点钟才出去，出去的目的就是陪客户吃饭、喝酒，然后喝得醉醺醺的，接着把客户继续带去KTV或MASSAGE（娱乐场所）进行更深入的活动。

通过三家公司的对比，我们得出他们有一个共同的特征就是极力想与客户搞好关系，虽然顾客就是上帝，但也不能光是冷冰冰的毕恭毕敬，更多的还需要亲切的关系和细致的考虑，要在心里把客户当作朋友，而不是给你送钱的冤大头。喝酒伤身，但是酒有的时候又是一个非常好的东西，他可以迅速化解人与人之间的隔膜，让彼此都敞开心扉，深入交谈。有人说酒肉朋友，我不认可，所谓朋友就是志同道合，喝酒并不能说不是一种共同的兴趣，Dell公司正是看到了这一点，才让营销人员与客户喝酒，从而把客户作为自己的朋友的。与自己喜欢的人打交道是每个人的本能，我想与朋友做生意，要比与陌生人做生意简单得多。

尤其在大数据时代，人们有权利选择听谁的、不听谁的。如果你只是推销、推销、再推销，而不是向朋友那样给予、给予、再给予，那么你将失败，因为现在是消费者主导的时代，消费者已经不再接受强制性"推销式"的营销法。社会化网络的本质是"关系"，而不是"覆盖"，想想你是认真地与一个消费者交朋友好呢，还是打扰一万个人，他们拒绝你好呢?

所以本节我们就需要考虑在大数据时代，如何与你的客户做朋友，使营销达到满意的效果。

1. 让所有的人知道你能做什么

广告被称为广而告之，就是告诉所有的人，我们能够做什么，就好比和别人交朋友，首先总要告诉别人，我到底是什么样的人。但是在现在这种大环境下，广而告之并非易事，首先，再也不是那个撒网营销的时代，我们需要找到精准用户，而且这些精准用户，又乐于传播产品信息。

哪些人传播哪些信息其实也是有规律可循的，据权威调查公司分析，人们乐于传播信息的产品种类如下：服装鞋帽（53.4%）、日用百货（46.7%）、家用电器（39.2%）和食品/饮料（37.1%）这些是人们乐于讨论的产品话题。进一步分析，年纪越轻的人越经常讨论有关"服装鞋帽"的问题，尤其是18~25岁的消费者，这部分年轻人谈论的商品有：服装鞋帽（61.7%）、手机（50.7%）、化妆品（41.5%）电脑（40.9%）以及音像制品（38.8%），而且这部分人，信息交流十分活跃。随着年龄的增长，日用百货、食品以及住房逐渐成为人们交流的主要产品。

所以在现在这个时代，为了更有效地利用微营销进行口碑传播，必须针对相应的人群实行精准营销，再经过这部分人的口碑传播，才能真正地告诉别人我们到底是干什么的。当然这样做还不够，有关专家建议，要注意产品信息的特点，只有这样的信息才易于被传播，这类信息有两方面的标准：一是产品要有某种独特性，包括外观、功能、用途、价格等，二是产品要有适合做口碑广告的潜力，可将广告变得朗朗上口。

2. 一切从买家角度考虑问题

AT&T 和美国 ISP 主要业者思泉公司（Mind Spring）凭借 8 台调制解调器和两台电脑开始提供电脑上网服务，当时谁也不看好他，没想到这样的一家公司会获得成功。的确，当时提供的上网服务，人们用起来极不顺手，靠这行来赚钱的确很难。

但是，查尔斯·布鲁尔也就是 Mind Spring 的创始人却不这么认为，1994 年他曾经花了 3 个月的时间试图登录上网，可是结果徒劳无功，于是，他认识到：是应该开发一种为民解忧的服务了。

也正是始终秉着为民解忧、一心一意为用户着想的价值理念，使得这家设立在亚特兰大的公司获得巨大的成功，在该公司的 700 名雇员中，有 60% 都在专心倾听用户的呼声，解决他们实际存在的问题。公司的工作人员每天都要处理很多电话咨询，此外，公司还派调查队外出评估服务质量。打进电话要求帮助的用户一般只需要等待不到 5 分钟，这低于同行业中的 6 ~ 8 分钟。结果也非常明显，只有不到 3% 的订户中止服务，远远低于该行业的 7% ~ 8% 的平均水平。另外，鉴于这样的企业形象，很多用户仅仅以往内该公司的口碑很好就登录了，从而使得公司的营销费用得以降低。

其实做营销和做人是一样的，要时常站在对方的角度上考虑问题，人是将心比心的，多为别人着想，这样才能获得宽容，也才能做朋友。让消费者有一个好的消费体验，实现他的消费价值，也才能会当朋友，

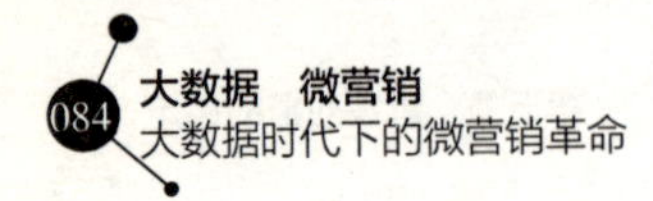

才会成为你的忠实客户，或者口碑传播，成为你的推销员。

一切从买家的角度考虑问题，这里的一切，首先是生产制造阶段。在生产制造阶段，我们可以学习前面我们提到的那个温州皮鞋厂的做法，采用设计师直接对接消费者的做法，不但可以省下一大笔设计费用，更重要的是充分听从消费者的心声，设计生产制造消费者自己的商品。在营销方面，更是如此，我们要向我们的客户展示最真的产品信息，让他们充分了解我们的产品和服务，谁也不想被欺骗，纵容有瑕疵，只要他们知道，并不一定不被理解。在售后方面，售后服务跟不上是很多企业的弊病，他们认为东西都卖出去了，售后服务做得不好没有关系。我认为售后服务这个环节最重要，它直接关系到消费者对产品的口碑问题，我们还依稀记得海尔的维修人员坐飞机给消费者修冰箱的故事，差旅费显然要远远大于冰箱的价格，但是他说带来的品牌价值是无法用金钱来衡量的。

一切从买家的角度出发，用心为其服务，把消费者当朋友，我想在互联网时代更加重要，虽然我们与客户没有见面交谈的机会，但是只要我们用心，站在他们的角度，他们很容易就能感受到你的温暖。

3. 学会读懂客户发布信息后面的内容

客户发布的信息对企业来说非常的重要，从这些反馈信息中，我们能读懂客户的需求、客户对产品和服务的建议和意见，很多企业不注重这些。岂知，因为我们没有重视，很多“微不足道”的错误会引起消费者的强烈反感，或者对他们的建议和意见我们没有听取，没有任何反应，不对其进行改进，这样往往使得我们的企业失去最忠诚的客户，销量大幅减少，却不知道其根源究竟在哪里。

这一点纽约的梅瑞公司做得是比较好的，那家公司的购物大厅设立了一个很大的咨询台，这个咨询台主要记录下消费者在这里购物的体验和建议，更重要的是为那些没有购到物的客户服务的。如果一个客户没有在梅瑞公司买到自己想要的商品，咨询台的服务人员会记录下没有完成购物的原因，还有则是指引他们去另一家有这项服务的商店去购买。正是这个看得见、摸得着的“细节”，让人们津津乐道，首先使得大家对它的记忆极为深刻，产生了亲近感，其次是赢得了竞争对手的信任和敬佩。当然最重要的是，他们试图去追寻，消费者对他的任何一点的建议和看法，从而强大自己，梅瑞公司也因此生意兴隆。

4. 了解营销的目标并让内容驱动客户的行动

我时常会问一些企业的营销人员：“你们的营销目标是什么?”以及“你能为客户解决什么问题”，很多人都无法回答上来，于是，我感到非常奇怪，有效的营销和公关策略能向客户提供富有吸引力的内容，从而促使他们采取行动，而不能回答上面的问题，这就代表他们没有为自己的营销设定机会，Web 站点和博客没有制定具体的销售目标，这样的营销就会出现漫无目的的现象。

完全理解营销规则的公司会明确定义他们的业务目标——销售产品、获得捐赠、拉动投票或加入你的站点，而且不会把注意力放在错误的目标上。在这些成功的公司中，新闻消息、博客、Web 站点、视频和其他内容能够吸引访问者进入站点的销售流程中，并引导他们最终购买产品或服务。他们的链接并不是隐藏的，而且客户很容易找到“下一步”的链接。当内容有效地促使客户采取行动后，下一步就显而易见了。

如果把着眼点放在收入增长和客户保持上，而不是关注一些像销售线索或站点流量这样的指标，那么典型的营销计划和 Web 内容的组织就会完全不同。如果你的目标是增加收入，那么 Web 站点的流量就变得不再重要。同理，在搜索引擎的某个关键词排名中位居第一也并不重要。

当营销人员与整个组织的其他人员最后都关注同一目标时，我们就能够开发出切实可行的营销计划，并开始实现最基本的目标，赢得客户的尊重。我们不应把营销仅仅看作是“制作宣传T恤衫的部门”，为了吸引人们的注意力并得到一些虚假的点评，而应该把营销视为实现企业目标的一个战略单元。

案例：家居业微营销盛行精准“骚扰”

如今，微营销作为最盛行的营销手段，它在整个家居行业的营销模式里也起着非常重要的作用。它既可以利用移动终端展示家居企业的广告，为企业品牌做宣传，而且也可以有效地让企业与消费者产生互动，是一种新兴时尚而且有效的营销手段。

家居企业利用微营销中的推送工具可以向消费者群体进行品牌的宣传，然而这种推送，一不小心就会被消费者认为是“骚扰”，受到消费者的反感，这样不仅不能达到理想效果，也许还会适得其反。因此家居企业在利用微信营销时就需要多加谨慎，力争做到精准营销。

1. 推送切合消费者需求的家居产品

消费者作为受众，对家居产品的品牌基本上都没有明显的“忠诚度”。家居产品，是一种比较特殊的产品，很多家居产品都是耐用消费品，具有长期使用性，这就使得其销售受到了一定的限制。比如，一位消费者购买一组橱柜之后，通常要好几年甚至更长时间才有可能考虑下次消费，所以用户对家居产品的关注度不是很高，他们只会选择对自己来说实用性很强的产品，因此家居企业在利用微营销推广消息的时候可以针对相关的市场调查，有针对性地推出产品系列信息。

只有有效的内容对应真实的受众才能收回相应的反馈，看人下菜是内容营销的标准策略，针对这些精准的客户也就是你的粉丝提供他们感兴趣的话题他们才有参与互动的可能，初期可能就是一个讨好粉丝的过程，推送的内容一定是有主题性，有策略性的，而不是今天一竿子到论坛营销，明天一竿子到微博营销，后天一竿子到微信营销，一定是要系统性的推送。当然特殊的行业建议每周 1～2 条最佳，谁也不想天天收到你的对他们没用的信息，否则受众真的会发疯。

2. 公众账号需有精确的群体定位

账号定位很关键，是做一个内容输出还是全民产生内容的公众账号，这是一个很值得思考的问题。有的家居企业积累了几千名粉丝，都是真实的，但是在活动中互动量却仅仅只有几十人参与，其他的都是“僵尸粉”，没有任何意义。所以我们所追求的不是粉丝量而是精准的粉丝数，一个微博可以洋洋洒洒几百万粉丝，每天笑话鸡汤正能量，我们要的是绝对的精准人群，宁吸引 300 行业精准粉，而不是把自己的粉做成一个“乱炖粉丝”。

媒体界认为微营销在新媒体时代是非常新颖并且有效的营销方式之一，但是家居企业在利用这一利器的同时，也需从多方面因素考虑其适用程度，这样在运用时才能达到理想的效果。

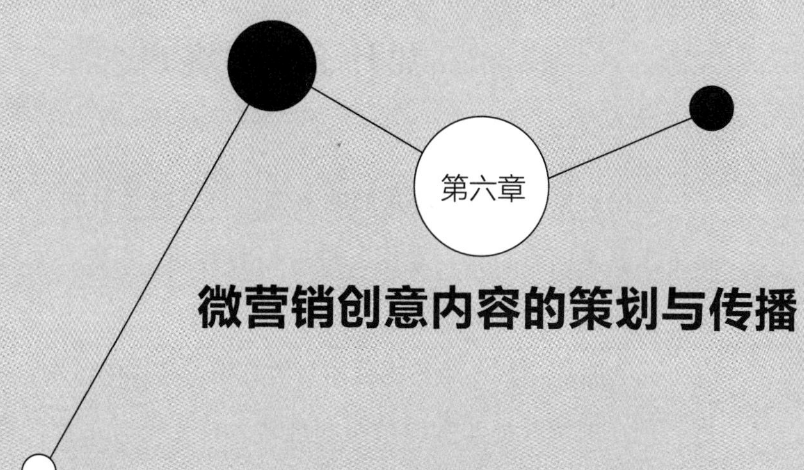

微营销创意内容的策划与传播

凭什么吸引客户

营销对象的确定，使我们的营销不再是漫无目的，而是有了方向，接下来就是向着目标，采用各种策略和计划，以便尽可能快地吸引目标，取得良好的营销效果。

是否吸引用户，是传统营销与微营销最本质的区别，随着时代的发展，现在消费者都非常的精明和理智，首先要有足够的商品供他们选择，现在不是那个商品极度匮乏的时代。另外，很多消费者也许比生产者更了解你的产品，或者更具专业化。所以，面对这样的用户，我们的营销策略也需要有所改变方能应对。

有人曾经对消费者与传统营销和微营销的关系有了一个形象的比喻，本人感觉十分恰当，他说：消费者就像是汪洋大海中的鱼，传统的营销方式，则是那种粗犷的捕捞方式，大面积撒网，一网下去有就有，没有就没有，试想对于敏锐的鱼群，这种捕捞方式，他们早就逃之夭夭了。微营销的策略则是，撒下香喷喷的诱饵和鱼钩，先吸引一条鱼过来试吃，这条鱼感觉不错，就会叫别的鱼都来吃，等变成鱼群后，最后就可以一网打尽。这就是传统营销和微营销的根本区别，传统营销既费时又费力且不讨好，而微营销相比之下，优点可见一斑。

这一章我们要讨论的不是微营销比传统营销高明在哪里，而是微营销那个撒下去的香喷喷的鱼饵应该是什么，如何获得。

1. 给消费者创造一个理由

哈佛大学社会心理学家艾伦·兰格在图书馆所做的“插队”实验表明：当你想请求辨认帮助的时候，如果你能够讲出一个合理的理由，那么你得到别人帮助的可能性就很大。原因非常简单，人们总是喜欢为自己所做的事找一个理由。

我们要想使得微营销的效果最大化，就是让消费者“帮助”我们做营销，让他们制造信息或传播和分享我们的品牌信息，从而引发更广泛的品牌传播。

说这个问题之前我们首先要明白一个道理，现在的营销是内容为王的时代，也就是那香喷喷的鱼饵，这些内容除了由企业产生，更多的是由消费者自身来产生，消费者不只是信息的接收者，更多的是信息的制造者和把关者。

所以，我们此时不是制造香喷喷的饵料，而是给他们什么样的理由说服他们“帮助”我们，营销内容必须有这种“影响力”，让消费者参与制造内容，成为品牌的活广告。

虽然现在就是一个眼球经济时代，需要的是看客和关注，我们要想真正为品牌赢得良好的网络口碑，就要在做到高调炒作，与此同时，我们更要踏实做事，在网络环境下，消费者关注与谈论最多的话题还是与自己切身利益相关的各种内容，口碑营销则是将传播的内容以利益为纽带与目标受众直接或间接地联系起来。当消费者刚开始接触一个产品或者品牌的时候，他一定会问自己这个产品或品牌值不值得自己去宣传。

很显然，营销中赤裸裸的硬广告，消费者不会与你一起吆喝，而应是“软性内容”，这样才可渗透到消费者内心深处，才能与消费者产生互动交流和亲切对话，是一个人说，一群人传，一大群人听，然后一起交流互动。

比如，星巴克总会给消费者各种各样的惊喜，当你来到星巴克消费的时候自然有不同的消费体验，有些人就很乐意把这种惊喜和不同体验分享给他的朋友，这种真正基于买家产生的口碑体验内容会引发更多消费者的共鸣和讨论。

由此可见，成功获得消费者的关键，就是在于营销内容必须给消费者创造一个理由，让他们制造与品牌相关的内容或产生自互动传播。

2. 如何做内容：七条策略

企业的微营销的内容和形式是多样化的，包括博客、视频、微博、活动等，不论哪种形式我认为最核心的就是用户之间的互动，没有用户的参与，微营销的内容也就是一纸空文，曾经看过一些文章关于企业如何制造内容，我觉得讲得不错，很多用来做执行真的非常不错，提出下面几点策略，和大家分享。

（1）内容创造以用户为基础

内容的创意其实很多时候都是通过用户间的互动产生的，例如热门的问题都是用户迫切想知道，也可以是用户进行回答整理的，当然这一点是基于“用户需要什么我们给他什么”的思维，也是我们很多都在做的，虽然能够满足部分的用户需求，但是略微显得被动了些，因为我们永远不知道用户有没有各种各样的奇怪的需求。所以微营销首先要明确我们要服务的对象，要清楚观看这些内容的人群的性格特征和兴趣偏好，还要清晰洞察目标对象的内心欲望。

（2）内容创造要有“人情味”

微营销讲究与用户互动，这是一个与人打交道的工作。人情味拆开来说就是“人气”“情感”“味道”，第一是内容营销要有人气，没有人关注的内容做得再好也没有作用，所以营销开始的时候就要注重与用户互动的营销；第二就是要在内容营销中投入情感，而不是一味地在网站内容中插入广告，广告太过明显用户肯定会比较反感，而相反我们如果能够从用户的角度为用户提供最好的建议，那是最好的营销策略；第三是让内容有一定的回味，好的饭店之所以生意越来越好，是因为它有令人回味的招牌饭菜，或者令人舒适的就餐环境，或者有令人留恋的服务素质，而营销内容也是我们要去烹饪的一道道招牌菜。

（3）定位营销内容的方向

很多企业抱怨我们也发布了很多信息，为什么没有任何回馈，我要说那是因为你没有对你的营销内容进行定位，每天都是例行公事式的发布信息，而不是发布消费者感兴趣的信息，自然没有人理会，要根据企业整体的微营销策略与定位，确定营销内容的方向，比如比亚迪汽车想出售汽车，就会给受众普及汽车知识，如果更要提升服务的响应速度，营销内容可以是针对消费者问题的实时解答。

（4）注意内容更新的频率

人们最烦的就是频繁出现的自己不需要的信息，如果你发送的内容也变成“垃圾信息”，不但不会促进你的营销，反而伤害你的形象，所以我们要注意发送频率，既不能太多，也不能太少，最好是固定更新规律，容易形成品牌记忆，比如《腾讯新闻》每到 12 点整就会给用户发送一则消息，消费者已经形成习惯，假如哪一天没有这则消息，或者会问个问什么。

（5）内容的趣味性需要保证

谁也不愿意看到长篇大论说教式的文字，要想夺人眼球，我们需要注意多样性，比如多发布漫画、视频、图片、音乐等形式，尤其是轻松简单的、趣味诙谐的、深刻有哲理的、感情化的内容更容易促使人们去传播和分享。

(6) 时刻关注用户的评论和反馈

微营销平台相对于其他平台最大的特点也是最大的优点，就是企业和用户、用户与用户，可以自由的沟通互动，为何说是优点？一方面互动可以使得传播形成几何式的效果，另一方面在互动中我们可以随时获得用户的反馈和建议，但是，如果我们视而不见，那么微营销这一优势就不复存在了。另外，我们发布的内容需要适时的更新，更新的依据其实就是来自于这些反馈和建议之中。

(7) 驱使你的消费者动起来

即使我们发布的内容非常好，如果只是发布上去，这远远不够，要想发挥它的价值，就需要驱使我们的营销对象针对营销内容去建立新的内容、交流内容、购买产品或分享体验。如何驱使你的消费者动起来，我们会在下面的内容中涉及。

3. 五大高效的营销内容

微营销中有五种营销形式比较高效，现列举如下。

(1) 营销推广型

常见的就是通过微营销工具进行宣传和销售，比如新品发布、新品上货通知、促销折扣信息爆款单品推荐等。像阿迪达斯喜欢通过人人网进行新品预告，前面我们也讲过人人网针对大学生进行的宣传。

(2) 品牌宣传型

企业通过微营销平台宣传品牌形象和企业文化，增加粉丝对品牌的忠诚感和认同感。基本上宣传的内容包括新产品介绍、企业文化介绍、品牌媒体报道、员工工作环境曝光、品牌故事等。比如凡客诚品畅销服装设计师通过新浪微博讲述产品设计背后的故事等。

(3) 互动活动型

微营销平台可以给受众提供互动的平台，所以称为很多品牌在线互动活动的最佳渠道。通过策划一系列的线上互动活动，可实现品牌直接与消费者沟通对话，提升消费者对产品的认知和黏合度、忠诚度。比如，凡客诚品通过新浪微博号召粉丝上传“凡客体”活动。

(4) 趣味游戏型

微营销平台的多样性形式实现了企业品牌多样化营销模式，趣味游戏内容包括图片、游戏、视频等。社会化网络的开发特性，让更多品牌企业能够通过 App 方式深入整合到平台上。比如优衣库与微信合作，推出的“领票大排队”游戏，既好玩又促成消费。

(5) 客户服务型

当然最后我们还得回归到平台的互动性上，因为其具有便捷、目标精准、实时性强的特点，很多企业干脆把这个平台作为客服平台，既高效又简单。

这些类型需要结合企业的实际情况进行定位设计，另外，在不同的营销阶段，可采用不同的营销类型，比如营销前期，为了增加粉丝，可以通过线上互动夺人眼球，随着营销活动慢慢地推近，我们在做更改，当然，这个世界上唯一不变的就是变化，什么样的营销内容适合受众胃口，这需要不断摸索，不断优化改进。

吸引客户内容的法则

我们都知道微营销发送的内容，是很多营销环节中最重要的一个环节之一，也是难度最大的一个环节。目前形势，太多的心灵鸡汤让我们反胃，太多的复制粘贴我们会感到厌倦，可见内容不好，不仅营销效果不好，而且掉粉厉害。内容好，不仅营销效果好，会增加客户黏合度，还能带来新的粉丝，所以要非常重视这个环节，现在摆在我们面前的首要问题是，怎样才能制造与众不同的内容？怎样使我们的品牌真正的在微营销的平台上发表自己的想法呢？吸引客户内容的法则又是什么？

1. 跟热点要有“狼性”

网易新闻每天都会向我们发送当日的热点，主流媒体也会关注当下一段时间的热点，之所以主流媒体都在关注，说明很多人都愿意关注，所以我们的内容涉及力争要紧扣这些热点，这一点我们也可称之为事件营销，这些事件、热点可以是社会热点问题，也可以是突发性事件或政府文件、科技成果的发布，也可以是重大节日。比如在神舟5号飞船升空，举世瞩目，一些企业就借势炒作，如“航天员专用牛奶”“航天员愿意选择的住宅”等，也取得不错的效果。

跟热点结合，主要注意以下两个要点：一是要快。跟狼一样，闻着血腥味儿就立即往上扑，热点一有苗头，立即就此做文章；二是要跟你的垂直行业相结合，比如最近《来自星星的你》比较火，作为IT界，就可以发布《来自星星的互联网思维》；作为时尚界，就写《来自星星的时装搭配》；作为亲子教育行业，就可以写《来自星星的育儿经》。

2. 以“假”乱真，赢得客户的信任和尊重

读者购买报纸，主要看里面的新闻，而不是看里面的广告，所以我们微营销发布的内容要像新闻一样，以假乱真，增加内容的被阅读的记录和可信度。

比如，写一个关于治疗糖尿病的秘密配方的文章，我们就可以按照新闻的形式来撰写，文章主标题是《故宫博物院惊现百年前治疗糖尿

病的秘方》，副标题是《故宫博物院整理历史文化遗产，宫廷御医贡献祖传秘方》，这篇具有新闻性特点的信息，肯定会吸引关注新闻的人士及患有糖尿病的患者和家属。但要注意，这样写的目的不是欺骗消费者，要以充分的事实为依据，否则会得不偿失，我们的目的是快速吸引潜在用户的注意力。在眼球经济时代，用户的眼球非常重要，能迅速吸引消费者的内容，可被称为好内容。

3. 生动、有趣是王牌

前面我们也提到过，现在人的工作、生活压力都很大，拿起手机更多的是为了寻求娱乐，高大上的论调，人们不愿意倾听，更多的人会选择让他们不动脑的信息，所以我们对微营销内容的定位，就是要求生动、有趣，带给人们以快乐，如何制作生动有趣的信息，后面的内容我们会涉及。

4. 不能缺少人情味

销售就要像充满感情地讲一个真实的故事一样，让读者融入其中，使其在听故事时无形间接受产品信息。

曾经看过比亚迪汽车和劳斯莱斯汽车广告片，印象深刻，比亚迪的汽车视频，讲述的就是比亚迪汽车，所运用哪些高科技技术，以及自己与别人有哪些不同等这些参数性的信息。而劳斯莱斯汽车视频，则是为我们讲述了一个故事，讲一个劳斯莱斯 4S 店的维修工，开车出门试驾刚修好的车，在途中突遇倾盆大雨，这时候他看到路边有一个女孩没有带伞，于是停车送女孩回家，也就是这次的雨中邂逅，让他们产生了感情，劳斯莱斯车主要来提车，维修工看到那个女孩却来到 4S 店，原来，那个女孩正是劳斯莱斯的车主，这个故事向我们阐述，爱情没有贫贱贵富，在梦想面前每个人都是平等的。

人是有感情的动物，动之以情就会增加内容的真实性，内容有血、有肉、感人，就可吸引大量的消费者，试问，上面两个广告视频，我们更喜欢看哪一个，不用问也一目了然了。

5. 设置悬念，牵着消费者的“鼻子”走

电视剧之所以吸引人，是因为你看完一集。总会留给你一个悬念，使得你不得不去看下一集。最终看完全集，就是到大结局的最后，也许还有悬念没有真正解开，看的人纠结并快乐着。

我们制造微营销内容的时候，也需要注重这点，我们也可以把这些内容设置成一个长篇连续剧，设下一些目标消费关注或设法引起其关注的问题，而最终解开谜团的时候，也就是我们宣传的产品出场的时候，此时也可以继续设下悬疑，抓住消费者的好奇心，促使其继续阅读下去。当然重要的是合情合理，这是一个需要智慧的工作，故弄玄虚，只会带来读者的反感和不买账。

6. 简单为王，没人喜欢看繁复的内容

微博只有 140 个字，传播效果十分明显，微信的篇幅也不能太长，微视频都不会超过 20 分钟，可见简单，小微是微视频内容的主要特点，现在是个碎片化的时间，人们在等车、吃饭的时候，会拿出手机，看看一些信息，长篇大论、繁杂琐碎的内容，人们是不会买账的，所以我们制造微营销内容，切记简单为上，当然这也是微营销最大的优点——让客户在简单的生活中，享受快乐轻松的购物时光。

7. 水乳交融，与消费者互动

微营销内容力争做到与目标消费者产生互动来达到提升传播效果、促进销售的目的，任何人都无法抵御免费的诱惑，所以这些通常是一些奖励，调动起参与的热情，比如，正确回答出所提出的问题可赠送礼品、有奖征文等形式。我们还可发表一个长篇大论的介绍产品的文章，看似臃肿、参数、教科文似的文字，别人是不愿意阅读的，我们可以让读者在文章当中找错别字，找到一个错别字，奖励相应的优惠券等，以这种形式促使他们仔细通读我们的内容。

微营销制胜的四大特征

微营销的内容只要有创意，能吸引客户，便可以称之为一个成功的微营销案例。我们对国内微营销中关注度比较高的一些案例，进行分析，发现他们有以下四个共同点，我们称之为“4I”：Individuality（个性）、Interesting（趣味）、Interaction（互动）、Interest（利益）。有关心理专家研究得出，之所以有个性、趣味、利益、互动特点的信息人们愿意接受，那是因为它更符合人性的欲求和追求。

1. 个性

我们现在营销的对象正在悄然地发生着变化，随着70后、80后慢慢地“老”去，90后慢慢地成为消费主流，这个群体个性十足，追求私人定制。所以首先我们这个时代的营销主题要把个性放在首位。个性就是指营销内容与受众密切关联，这些关联表现在有关的、有用的、有意义的方面。打个比方，当别人说出你的名字的时候，你不禁会去看他，这是本能的关注。营销也是一样，当涉及的是和你有关的问题，你自然会去关注和分享。这种与受众密切相关的内容，我们列出以下三类。

（1）与名人名言和人生感悟相关的哲理内容

名人名言和人生感悟往往能给人以思想的启发，开阔眼界，满足受众想要提升的需求。名人是我们崇拜的对象，我们每个人都想成为那样的人，他们曾经说过的话，我们细细品味，也许在人生的某个阶段，在我们迷茫的时候，会给我们以启发。一些人的人生感悟也许可以提升我们自己，这些作为精神的粮食，我们愿意接受当然也愿意传承下去。

（2）健康、食物、运动、星座、心理学、兴趣偏好等与个性相关的内容

每个人都有自己个性化的兴趣爱好，爱打篮球，当看到篮球明星的新闻、篮球装备的促销广告、篮球教学视频，我们都会情不自禁地沉浸其中，而不能自拔。别的也一样，爱好研究星座的人，往往碰到陌生朋友的时候，都会问对方的星座，以便自己给对方“算命”。例如迪士尼公司的品牌营销内容就与众不同，因为人们对其出品的经典卡通片《狮子王》印象深刻，所以迪士斯公司发布的内容是一句《狮子王》的对白，就获得超过 7 万粉丝的赞美，因为他唤醒了每个人内心刻骨铭心的童年记忆。

（3）朋友的心情和动态

微营销平台能为人与人、人与企业之间提供一个互动的平台，在很多人的潜意识里，朋友关心的事，也一定是自己感兴趣的事。利用这层信任和依赖关系，企业可有意识地引导消费者将我们的营销内容转发或推荐给我们身边的朋友，利用口碑传播，强化营销内容的曝光和品牌认知。或有意识的让消费者产生与品牌相关联的内容，并产生原创内容。

2. 趣味

上面我们也提到过现在的营销，内容要尽量生动、有趣，能给受众带来快乐。因此有趣的、另类的、新奇的、轻松诙谐的“软新闻”大受欢迎。趣味的内容主要包括以下几种。

（1）幽默诙谐的笑话段子

新浪微博的冷笑话精选，他的粉丝数能超过 200 万人，并且每条相关内容的转发和评论次数也很高，受众倾向于相互分享快乐。

（2）另类新奇的故事

人们对于未知的世界有十分强大的好奇心和探索发现的求知欲，另类新奇的事物给人们的生活注入新鲜感，所以各种奇闻趣事总是能第一时间被快速传播。比如，QQ 中心曾发布一条“你知道未来的 QQ 是什么样的吗?”的消息，获得了 QQ 用户的风传。

（3）创意、时尚、唯美内容

每个人都喜欢追求时尚、欣赏并寻求美。不论是唯美的照片或图片、时尚的装饰、创意元素十足的视频，都能迅速地在网上疯狂传播。比如动画短片《最后的编织 The Last Knit》讲述的是在一望无际的荒原，荒原的尽头是一个悬崖，一个孤独的身影正在悬崖边上织毛衣，毛衣的一头掉入悬崖下，随着毛衣织得越来越多，掉下悬崖的部分就越沉重，本来他有很多机会可以选择剪短毛衣，不再继续，但是他是那么的执着，最后的结果是越织越多，越织越快，最后把自己的头发也织进毛衣里，在掩入悬崖的一瞬间，他选择剪断头发，一切都将化为乌有。这个具有创意化的视频，向人们阐述了这样一个道理：人生亦如此，整日里忙忙碌碌，不懂得适当停下来歇一歇，到最后也许会落得一场空。这则视频，最近在网上风传。

（4）明星、娱乐八卦等热门问题

很多人天生都有偷窥和八卦的偏好，尤其是对大众娱乐明星更是疯狂的追捧，这些被他们视为精神偶像的人物的一举一动，他们都希望知道，包括家庭、婚姻、爱好、衣着等。比如达芙妮发布的跟明星相关的女鞋内容，这比其他潮流时尚型的鞋子的信息转发要快得多。

3. 互动

微营销传播的特点，就是具有互动性，通过互动才能传播，通过互动企业才能知道消费者的喜好和建议，通过互动更容易产生消费者的一次评论和转发。互动性的内容有下列几种类型。

第一种是互动活动。互动活动经常以奖励的方式，激励消费者参与评论回复或转发，转化多少条便可以获得优惠券活动，等等。

第二种是对话参与。官方账号以跟对方对话的口吻询问受众，让受众自发参与作答。比如戴尔中国在微信官方主页上发出询问："你有晚睡强迫症吗?"这一举动立即引发无数喜欢通宵玩游戏的男生和熬夜看电视连续剧的女生的深度共鸣。

4. 利益

前面我们也提到过，凭什么吸引客户，凭什么使你的用户活动起来，最重要的就是保证他们的利益，满足他们的价值需求，所谓无利不起早，利益是驱使一切的魔法棒，保证消费者的利益有两种方式：一种是，动之以情，人是性感动物，以情感化的"软性内容"引起消费者的共鸣，能自然地吸引他们；另外一种，比较势力，就是采用重金赤裸裸地引导用户引起他们行动起来，当然，最常见的就是代金券的发放、分享打折等。但是这第二种方法也有一定的弊端，容易出现僵尸粉丝，所以前面我们还提到对目标消费者实行这种策略。

"4I"即个性、趣味、互动、利益，这四个高效营销内容的特点，要真正应用到自己特定的营销内容上，并琢磨背后真正的人性动机和需求，这样才能使企业的营销内容真的打动你的用户。当然，成功的营销内容也必须具备"4I"的特征，并且是与用户有关联的以及是有价值的。

让每个客户都成为你的销售员

为什么你的企业销售业绩平平，而别人的企业却赚得盆满钵满？为什么你的客户人数越来越少，而别人的客户群却像是滚雪球一样越滚越大？是产品根本没有竞争力，还是市场已经饱和，根本没有你的立足之地。事实上，是因为你没有认真去经营好你的关系，没有在客户心中树立良好的口碑，没有把客户成为你的推销员。

大部分企业总会把大把大把的金钱和时间发挥在开发客户上，而没有去花时间去维护客户，最后的结果可想而知，企业中的每个人都很辛苦，因为要不断地和陌生人打交道，慢慢地市场竞争越来越激烈，会出现相应的瓶颈，就很难突破。有关数据显示，开发新客户的成本是维护老客户成本的6倍，而新客户给企业带来的利润只有2成。

为什么维护老客户不但成本低，而且效益高？因为我们只需要利用开发客户的一小部分时间以及营销费用便可以开发一个客户推荐系统，老客户不但重复购买你的产品，更重要的是他们对你的产品信任，会把你的产品推荐给他的亲人和朋友，我们之前也说过口碑传播的强大功效，这时，老客户便成为你的忠实超级推销员，自然，你的利润和业务也可以轻松地提升一倍、两倍、三倍甚至更多，利用现在便捷的交流大数据工具，也许就根本不用投入资金就可以立即增加客户数量以及利润。

随着微博、微信、微视频等被众多社会名流、媒体捧红之后，越来越多的商家将其作为其营销的一种营销工具，加入到微营销的阵营中。利用这些工具，对老客户的维护，换句话说，对打造客户推荐系统意义重大，不但节省不少资源，更重要的是方便便捷实时沟通，这些工具可以让企业自己的粉丝消费者很好地转变为口碑的传播者，成为实实在在的销售促销员。

前面我们反复提到的凡客诚品，就是最早使用微营销新工具开始打造客户推荐系统的企业之一。在凡客诚品的微博页面上，你就可以轻松感知他们对粉丝消费者巧妙的互动激励方式，大家还记得那个给明星送围脖的活动吗？并不是让明星记住他的品牌，而是让明星们在他们的微信、微博中晒出自己得到围脖的心情，因为他们是公众人物，所以信息扩展的非常快，人们在轻松的互动游戏中，就自然而然地对凡客诚品这个品牌慢慢地熟悉，尤其是姚晨、徐静蕾等明星的互动使得这次活动热潮一浪高过一浪。另外，黄晓明、王珞丹、韩寒等代言凡客诚品的视频广告同样让粉丝在各大微营销平台上疯狂传播着，被誉为“最有感情共鸣的广告，最聪明的营销”。另外凡客诚品推出的 1 元秒杀原价 888 元衣服的抢购活动同样刺激着粉丝消费者脆弱的神经，不但是送礼而且是送大礼，这样的活动消费者愿意将其传播出去。

虽然，在微营销中激励消费者口口传播的效果我们很难用数控来做直接的评估，但是我们通过百度指数上查看近一年内“凡客诚品”的指数情况（从 20000 飙升至 120000）就可以得知这一切都是成功的。

总之，客户推荐系统绝对是效果最好、花钱最少、风险最低、提升利润幅度最大的方法，让每一个老客户都成为你的推销员，你只要一次投入就可以得到长期的回报，而且经过推荐而来的客户，不像那些用折扣、特价或赠品吸引来的客户那样，只以价格为重，也较少有购买后后悔的情况。

1. 免费武器的影响力

很多媒体常常提醒、帮助广大客户识别所谓的商家诡计，媒体所谓的商业诡计排在第一位的莫过于“免费赠送”。作为营销人员，我们可以从这个角度来考虑这个问题。从媒体对“免费赠送”围追堵截上来看，“免费”这把武器肯定有它的锋利之处，不然也没必要将其列在商业诡计之首。消费者不仅喜欢低价，更加喜欢免费，对于他们来说，免费的产品不啻白捡的诱人蛋糕，又有几个人能抵御得住诱惑呢？

成立于1985年的瑞安航空总部设在爱尔兰，拥有209条廉价航线，遍布欧洲17个国家的94个目的地，多年以来已经逐步发展成世界上最赚钱的航空公司。就算是2001年“9·11”事件之后，世界航空公司普遍陷入困境，瑞安航空公司始终保持着赢利；2006年在石油价格上涨，航空公司竞争激烈的环境中，瑞安公司的利润仍然同比上涨了三成多，为什么会出现这样一个又一个奇迹，那是因以往这家航空公司是以免费机票闻名，他们宣布2010年将免费送出50%的机舱座位。

免费很简单，但是在免费的同时要赚钱就非常难，这怎么可能？我们来看一下瑞安航空公司是怎么做到的？

瑞安的机票是免费的，而且机场的税费，燃油附加费都是免费的，他们主要依靠其他途径收成本费并实现赢利，其他途径主要有3种：对额外要求的服务收费；差异化的客户补贴免费客户；“副业”的广告或补贴。

因为机票是完全免费的，所以瑞安就可以降低客户的服务需求，他们认为只要保证票价便宜、航班准时、行李不丢以及不取消航班四条基本要求，其他条件顾客都不会太在意。所以他们采用的策略是：单一机组，二流的机场，更快周转，高效率，网上销售。

单一机组：截至2008年5月，瑞安机队依然使用着166架单一的机型——波音737—800燃油经济性统一机型，这大大减低了能源的消耗和维护以及培训的成本，而且不提供免费的食物，行李要收费，拆去椅背的载物袋以减轻飞机重量及节省清洁费等。二流的机场：瑞安的飞机基本上都停留在一些冷门机场，而且他们以招揽客户为条件，通常签订15～20年的合同，这样机场费用大大降低，或为零。更快周转：瑞安飞机力争着陆25分钟内重新起飞，这可以节省不少的登机口费用。员工的高效率可以节省人工费用，2001年瑞安1500名员工为900万名旅客服务，其他航空公司至少需要7500名员工才能服务600万名乘客。还有一些难以置信的怪招，比如：向肥胖乘客收取超重费、收取飞机卫生间使用费等，别说这些是乱收费，谁让机票是免费的呢?

瑞安虽然靠低成本吸引消费者关注，但成本永远巧妙地保持着平衡，即由一部分乘客补贴另一部分乘客。免费机票其实是对顾客的一种细分，追求方便快捷准时的商务旅行，注重的是乘坐的舒适体验，而个人旅行对价格敏感度很高，两类人群的消费期待和价格弹性补用。

另外，丰厚的“副业”。除了节省每一分钱之外，还要努力多赚每一分钱。瑞安将自己定位为提供全方位服务的旅行社，与出租车公司、酒店、旅行社实行延伸合作，赚取代理佣金以补贴那些廉价或免费机票。

免费只是一种营销手段，其目的是赚取更多的利润。免费比以往任何营销手段更强烈地吸引着消费者，消费者也因为免费更贴近企业，你想在激烈的竞争中成为顾客的首选，就是和消费者做朋友，这样才能成为市场中的赢家，这时，就要从免费上下功夫，一些顾客免费试吃、试用，他对你的产品才会有所感受，才会把他的感受向别人分享，只要你的产品能满足消费者的价值需求，免费自然能吸引消费者，能聚集到你期待的人气，并且把他们变成你的超级促销员。

2. 为什么免费能频频奏效

人们可能会想，现在人们的生活水平逐步提高，人们越发地注重生活质量的追求，那对于免费的东西会不会不再感兴趣呢？下面我们首先看一组真实的实验。

科学家做了这样一个调查实验，调查300名低收入者和300名高收入者从超市所采购的商品，发现低收入者并非只是挑选便宜的商品，他们会选择需要的商品，其中也包括一个高质量高价格或者奢侈品；而高收入者所采购的也并不是像我们想象的那么高端，当然，他们肯定会买不少的高档商品，但是其中也包括很多打折商品与实验人员预先摆放的免费赠送商品。

所以，我们得出结论，不管时代如何变迁，如何变化，社会如何进步，人性的本质千百年来却一直没有改变过。其实免费除了满足人性这点本质之外，同时也有两个因素在对消费者产生影响，这是为什么免费频频奏效的另一个原因。

（1）第一个因素是自我利益保护的本能

相对于商家，消费者在购物中处于信息不对称的弱势，所以，消费者其实更没有安全感，免费试用则大大降低了消费者的此项风险，让其能够接触到产品，从而带来了销售。有人说，很多消费者试吃试用以后，都会扭头就走，但据有关数据显示，搞活动和不搞活动，成交率能提高8%左右。

美味的刺激可能使没有购买计划的消费者产生购买冲动，继而达成交易。尤其是我们东方人，免费用了别人的东西，会有一种拿人手短、吃人嘴软的感觉，大多不好意思拒绝，加之产品真的不错的话，就会决定购买。

（2）第二个让消费者喜欢免费产品的因素就是价值认知思维

消费者在购买商品时价格高低是第二思考因素，思考这个东西值不值得购买，也就是对商品价值的衡量。当然消费者会选择对其最有价值的商品，而价值和商品的价格没有关系，或者说关系不大，也许有的时候商品的价值和它的价格成正比，这就是为什么很多奢侈品极其昂贵别人却争相购买的原因，当然，一般商品的价值还是需要消费者自己去衡量，因为，即使再有钱的人，也没人愿意被人当作是“冤大头”一样去宰，而且往往越有钱的人越是善于去计算商品的价值，低收入者则更在意商品的价值，由此导致了两者在购买商品时都会先去衡量商品的价值，而免费的商品，无疑是具有绝对价值的。

老子在《道德经》中提道：“既以为人己愈有，既以与人己愈多”，这种舍得的辩证关系值得今天的商家去思考。西方哲学中，管理学大师彼得·德鲁克认为：“企业存在的价值就是为顾客创造价值。”其实事实正是如此，当企业为顾客创造了价值时，企业自身也开始变得有价值。同样地，当商家不是处心积虑地思考如何掏空消费者的口袋，而是考虑如何塞满消费者的口袋时，奇妙的事情就会发生——消费者开始回报般地将真金白银塞满你的口袋。作为商家，如果能够利用市场给予的最佳手段——免费，这个市场中最有力的杠杆，必然可以撬动挡在消费洪流前面的巨石。

对于目前的网络营销形式，免费同样奏效，而且还能发挥不凡的效果，互联网能够免费的原因是基于数字化产品可以免费无限复制，其边际成本几乎为零，免费可以给采用微营销的企业带来惊人的人气，聚焦人气，促使其互动分享，是微营销一致的策略，所以免费在微营销中可以被应用，而且也能起到很好的效果。

3. 激励刺激着“托儿”们的疯狂

中国有句古话叫拿人钱财替人消灾，这句话从另一层面讲的意思是，没有人愿意无条件地帮助你做事情，尤其是消费者之于企业，他们没有任何关系，所以让消费者帮助企业口碑宣传实属不易。另外，这些免费的“托儿”太不好控制，所以营销人员便采用免费的策略，刺激着消费者，只有这样才能很好地激励他们。微营销讲究“互动产生销售”，只有你的产品或品牌信息，在微营销平台上经过转发、关注、评论，才能像病毒一样迅速扩散开来，为什么消费者要转发、关注、评论，除了产品本身能给消费者带来价值之外，别无他法，那么免费便可以刺激消费者，或者是使用优惠来刺激消费者。

例如，2010 年的圣诞节，淘宝商城和新浪微博共同举办了一个叫“越转越开心”的活动，活动的规则是这样的，商家会对每款开展促销的商品给一个淘宝商城价，同时设置一个非常夸张的最低价，为了鼓励消费者参与互动，每一次有一人转发此消息，商品的价格就会降低，比如转发一次，商品就会降低 0.1 ~0.2 元，在规定的时间内，转发得越多，价格也自然会更低，更多的消费者第一次被这样的降价促销方式所驱使，想购买商品的人希望通过自己和朋友的集体力量快速将商品降至心动的底限价格，不想购买的人也因为朋友的驱使或善意的支持，帮助转发，于是消费者自然开始发动自己的亲朋好友，开始了“集体”的杀价游戏，同时，这个商品的信息也在微营销平台上疯狂地传播，最终转发者得到低价的商品，而商家则把自己的信息传播了出去，可谓一举两得。

这是线上的商家采取的免费刺激方式，对于线下的企业和品牌也可以，主要采用通过线下消费与线上奖励相辅相成来完成对消费者的互动刺激。一些线下品牌有线上销售渠道中可以直接以奖品促进消费者进入线上销售渠道消费，在促进消费者的同时还能加强线上消费渠道的宣传和体验。如果品牌的线下销售渠道广泛，渠道销售经验丰富或促销互动频繁，便可以把线上活动向线下引导，进行一些线下消费的引导促进。比如以优惠券、抵用券、折扣券等各种形式的线下优惠手段作为奖品刺激消费和传播。

4. 微营销下的“粉丝价值”

传统的营销效果与基于微营销平台的广告营销效果的差异。

传统的广告营销最终的流量销量效果取决于广告投放量的推动力，很难产生额外的效果；而基于微营销平台的广告营销效果是一种“滚雪球效应”，雪球滚动的速度取决于广告的推力及微营销原先的粉丝积累数，额外的效果则来自微营销便捷的口碑传播通道。

传统的广告营销对于品牌沉淀、消费者口碑积累、客户维系都不如基于微营销平台的广告营销方式。

最终营销效果以基于微营销平台的广告营销更为出色，且效果持续性更强。

通过上述传统营销和微营销的比较，笔者得知，微营销之所以比传统营销产生的价值大，它的基础就是“粉丝”，现在不论是微博还是微信都是在于追求粉丝，有的企业的粉丝上万人，有的多达十万人，但是人家上万的粉丝却能带来数十万的销售额，而你有十万人粉丝，却销售额寥寥，这里面最大的原因是粉丝价值的挖掘问题。

当然，粉丝的数量是十分重要的，网络营销聚集流量就是聚集粉丝，但是如果你不知道如何去挖掘这些粉丝给你带来的价值，那微营销的效果就是零，怎么去挖掘粉丝的价值呢？

在网上，偶然看到一个叫三寿的营销达人说的很有道理，下面转载如下。

(1) 在粉丝互动中体现微营销的价值。互动才会有交流（哪怕是单向的），才可以了解用户，才可以传递品牌，互动中彼此成为“朋友”，建立关系，产生口碑营销，这就是微营销，而且是一对多的互动，所以它的传播效果也是几何式的。如果粉丝与企业没有互动，静如死水，那哪有价值可言。微营销的互动性指标一般来说有评论转发数、私信数、活动的参与人数。如何增强粉丝的互动呢，建议以下方式。

①微博内容。粉丝评论转发你的信息，肯定是因为你的信息有价值。所以符合粉丝胃口的有价值的内容是吸引粉丝互动的重要前提，这也是之前一直强调内容为王的理念。

②评论转发。这里的评论转发是指企业主动回复或转发用户的留言或相关信息。之前我讲过企业要把自己当人，别当神，高高在上，要走下来走到用户当中去与他们交流。

③活动互动。定期的有规律的发起一些趣味性的互动活动，可以带有奖品激励，既是激励也是回馈粉丝。比如有奖转发、限时盖楼、有奖投票、有奖征集等。

结论：微营销切忌无互动，乱互动。互动是让用户感觉到企业是个活人，有规律有个性的活人。不要让你的用户认为你是一个冰冷的账号，信息的发布的工具，企业要拟人化。

(2) 销售和品牌只是微营销价值的一部分，可是它也需要你从粉丝身上挖掘出来。很多人看人家搞，我也搞，最后为什么搞微营销自己也不清楚。张口一说为了销售，为了品牌，可是企业是否有想过微营销到底能给你自己带来什么？这就是本身微营销定位的问题，流量、销售、品牌、公关、客户关系，这些都可以说，但是适合你的是什么，那么又该如何去做，你懂吗？有人说为了销售，那么你现在通过微营销工具带来销售了吗？有人说为了品牌宣传，那么你现在知道自己宣传了什么吗，用户了解你多少吗？有人说为了客户关系管理，那么你知道用户在想什么，每天有多少用户主动给建议，你又做过几次用户调查？如果这些你都没想过，那么建议你还是先别做微营销，因为做下去也是迷糊。没有定位，就没有目标，没有目标，就无法制定策略，没有策略，怎么出成绩。接下来就会产生第3个问题，粉丝再多也是浪费。

结论：微营销工具能做的很多，但是适合你做的才是最重要的。定位精准之后就是策略，比如销售，我如何在信息中做产品推荐，如何带上跟踪链接；比如品牌宣传，我如何在信息中植入品牌理念，让用户了解品牌；比如客户管理，如何倾听用户的建议，了解用户的想法，改善产品，提高服务，增加用户的满意度；比如公关，遇到用户投诉你及时处理了吗？等等，无定位，就无策略，就无效果。

（3）微营销，粉丝很重要，不管粉丝多寡，挖掘粉丝的价值才最重要。但是你会挖吗，你挖来了订单，还是增加了用户满意度，还是倾听用户的声音改进了服务？有人常常觉得粉丝不超过多少万就没什么价值。错，哪怕只有一个粉丝，它都有可能为你产生价值，所以微营销先从观念上改变，时刻要告诉自己我们是在微营销工具这个渠道上做营销，营销就是要挖掘用户价值。所以粉丝量并不是产生价值的唯一决定条件，关键是思路。

①如何产生销量。引导用户购买自己的产品，成为自己的客户很重要。这也是很多企业最期望的，可是你做好了吗？目前常用的几种方式有，微营销内容夹带产品信息及链接。好乐买，京东都有做，这个确实有效果，但是对文案要求较高。微营销会员专享价促销，通过特殊跟踪链接引导微营销用户购买。折扣券发放，通过给

粉丝发放唯一码现金券，笔者见证过一个不到2万粉丝的微营销以这种方式每月带来几十万销售的案例，当然还有更多的，主要是结合自身情况找到最合适的。

②如何传播品牌。品牌的传播可以是发布企业品牌信息，可以是微营销信息被转发后曝光率。在日常信息中植入与品牌相关的信息或直接品牌介绍都是很好的形式。笔者曾做过调查，粉丝希望在微营销中增加企业历史、文化、动态、新品以及相关的资讯信息。这一点凡客和杜蕾斯做得比较好，称为内容营销。再就是通过优质的内容让用户转发你的信息，每转发一次你的企业信息就被曝光一次。想想凡客有30万粉丝，近3000万二级粉丝，按照每条平均转发60次计算，每天的曝光次数该是多大。按照CPS或CPM计算也是不少费用。

③如何客户关系管理。与用户的日常互动你有吗，你主动回复和评论过你的用户吗？你主动搜索过提及你企业或品牌的微博、微信吗，回复过他们吗？对于用户的咨询和建议你是否及时回复并表示感谢过。对于用户的投诉你是否真正的重视和解决过。我曾要求团队每天必须回复转发X条用户评论，主动搜索Y条提及我们的信息并予以回复或转发，对于用户的建议和咨询及时回复并表示感谢，甚至予以物质奖励。对于用户的投诉必须当天解决，严重恶劣的投诉务必亲自电话联系解决。特别是对于想做口碑、做品牌，微博、微信的客户关系管理是很重要的。

结论：粉丝的数量只会影响价值的大小，但是哪怕只有一个粉丝也可以产生价值，关键看你如何挖掘。人家2万粉丝产生几十万元销售，为什么那些几十万粉丝的人还在苦恼没有效果，关键在于思路，思路决定出路。

总的来说，微营销的价值是毋庸置疑的，可是如何利用好粉丝，挖掘出他们的潜在价值，这也就是微营销的价值。不要说微营销还没有产生价值，那是因为你根本不了解其中的真实情况，等到大家都看到企业通过微营销大把赚钱的时候，那时你已经错过最佳的机会了。从现在开始要学会挖掘粉丝价值，相信粉丝越多价值会越大，但是并没有说非得达到多少粉丝，微营销才可以产生价值。

案例："联想 30 年逆生长"社会化营销活动

企业生命周期理论，被世人广泛知晓，每个企业都要经过萌芽期、生长期、壮年期、衰老期这几个过程，雅虎退出了中国、苹果迅速占领全球市场、诺基亚被微软收购的案例，我们历历在目，企业要想打破瓶颈继续发展，在企业"衰老"的时候，就要增添新的生机，从而继续处于壮年期。尤其是如今科学技术高速发展的今天，思变才是生存的关键，而不是品牌积淀的时间长短。

说到思变我们不得不提到目前全球 PC（个人计算机）市场的老大——联想。联想从一间小小的传达室开始，从 Legend 到 Lenovo（联想标志），从 PC 全球第一到 PC +，从创业之初的 10 个人到如今拥有 35000 名员工的国际化公司，人本、创新的企业品牌 DNA（基因）成就了联想 30 年来不同寻常的成长。从 1984 年至今，30 年，这个时间对于国外品牌来说，联想属于一个比较年轻的品牌，但在中国联想却是一个"老字号"。

联想曾经做过一次消费者品牌认知调查，就是为联想这个品牌形象绘制一个人物肖像，在消费者的心目中联想就像一个事业处于上升期的中年男人，它成熟、稳重、诚实可靠、有责任心，为用户负责，这也恰恰是 PC 应该给人带来的安全感——因为早期 PC 更多是作为工作的设备，存储着关键数据，对于它的期待便是稳定和安全。然而，来到大数据时代，这个时代我们称之为 PC + 时代，联想的这个形象显得太过保守，在这个时代联想更需要变得年轻化、时尚化、消费化，能够获得年轻消费者的关心和喜爱。

但是现在联想再也不想当“大叔”甚至“大爷”了，他管自己叫“想哥”，为时尚、潮流、动感代言。

在 2014 年 4 月的联想誓师大会上，联想集团 CEO（首席执行官）杨元庆曾经说：“只有把互联网思维注入联想的血液之中，推动传统优势转变成互联网时代的新优势，推高线上服务的时间。从产品开发、服务、营销、渠道、生产制造等各方面转变，价值链上的所有业务部门才算真正的互联网转型。”

自此，联想迫切需要做一场消费化、年轻化的品牌革新，并想方设法与消费者实现移动互联化、社交化的品牌沟通。

在求新求变、充分体现联想年轻化转型的背景下，联想构思了一个大胆的 30 周年庆策划：聚焦于时下最流行的社会化平台，围绕 30 周年主题，每天一个内容，365 天持续沟通。尽管这些对策略和创意来说都是莫大的挑战，但就目前来看，联想给出的答案获得了非常大的成功，这就是“逆生长”。

说“逆生长“成功，首先在于这个概念本身：对联想历史的准确定位与对未来发展的美好希冀。

“逆生长”的成功，还在于它“365social”（社交的）的勇气和惊喜不断的创意呈现。365天，一天一个创意，循序渐进长线讲述来告知外界联想的故事，以统一、持续化的视觉形象和更富人情的细节、人物、故事，代替传统的品牌历程、大事记展示，在官方微博做连续发布，使得传播社交化，并具有足够的趣味性、话题性及参与性。其涵盖人群之广、剖析角度之新、营销方式之多样、热点跟进之及时、互动活动参与呼声之高，使原本属于联想企业的30周年纪念活动，演变成了一场盛大的互联网营销狂欢。

涵盖人群之广：①高管群的逆生长：大佬一秒变装秀，瞬间从西装革履穿越到不同时代、地区，用颠覆的形象与网友沟通，备感亲切与可爱；②普通员工的逆生长：从前台的三生花，到在公交车上找到爱情的渠道销售，到分区的才女和女球迷，每一个故事都精彩纷呈；③周边人群的逆生长：门口趴活的司机、卖灌饼的大姐，已然也成为联想的一部分。

剖析角度之新：换个角度，重新解说成吉思汗远征欧亚、爱迪生发明电灯泡、中国奥运第一人等世界或中国发展重大里程碑，和换标、万元奔腾计划、天禧电脑诞生、成为奥运TOP（The Olympic Partner 奥林匹克全球合作伙伴）合作伙伴等一系列从品牌到战略再到产品的不同方向的联想大事记。

营销方式之多样：新品上市及时应对，主推产品自然植入。

热点跟进之及时：①节日：大年初一、2月14日情人节、5月22日母亲节，呼应节日定制稿件的同时，从细微之处出发，别样解读节日意义；②人文关切：邓兰秀波儿逝世、马航事件，及时反应，调整稿件内容，彰显人文关怀；③火爆应用：Flay birder（鞭笞者）火速蹿红，联想财报发布，顺势借势传播，借力打力，亮明观点——不比谁飞得高，比谁飞得远。

互动活动参与呼声之高：时光机活动，逆生长体：“××年，我在××，我想对那时的自己说××。”活动效果：#如果可以逆生长#话题讨论量达13余万条。

多模式、多平台，突破性的整合传播：“逆生长”品牌传播，以微博为主阵地，在其他多个平台发酵演变为适合自己平台的传播，真正实现了整合传播优势。

逆生长海报定制插件：鼓励网友上传照片，并说出逆生长宣言，定制自己的逆生长海报。

发动机活动互动：将稿件中玩出新花样，在微信平台与网友互动。手动为飞机蓄能，让它飞得更高、更远；给咖啡机加上黑白键盘，可以自主弹出想要的完美旋律，让生活更有情调。定制母亲节贺卡，把爱分享给妈妈及更多好友。

线下平台：将影响从线上扩展到线下，在联想大厦前台及三层平台，放置逆生长海报及逆生长内部活动，让内部员工第一时间感受到逆生长氛围，并积极参与到逆生长活动中来，由内而外让逆生长发力。别样庆生，而立之年“逆生长”意义非凡。

自2015年1月1日至今，联想30周年纪念活动365social的120+个创意已取得2.3亿次曝光，其中#逆生长#微博话题量达1559万条，百度搜索“联想逆生长”量达145万次，相信这些数字以后还会以几何数字进行发展。

成效卓著的“逆生长”品牌营销案例获得了联想集团CEO杨元庆的公开表扬，并引起了媒体的广泛关注。

联想确实是越活越年轻，而且这个年轻是有分量的。品牌年不年轻，不是体现在时间维度，而在于有没有一颗非常愿意学习和好奇的初心，这是一个公司可以源源不断地获取发展动能的基因。联想也非常强调创新和与时俱进的DNA。“逆生长”这个概念，不仅恰如其分地描绘

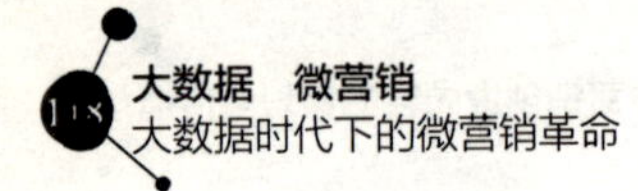

了联想品牌的成长状态，也非常准确地把握住了这个时代年轻人的精神追求，抓住他们的痛点和共鸣，使得信息的传播更有融入感。由此看来，联想30周年“逆生长”这场有别于传统的庆生活动，无疑已经在奋进中将品牌形象由“大叔”逆转为“青年”，并实现对整个企业向互联网转型的强力助推。

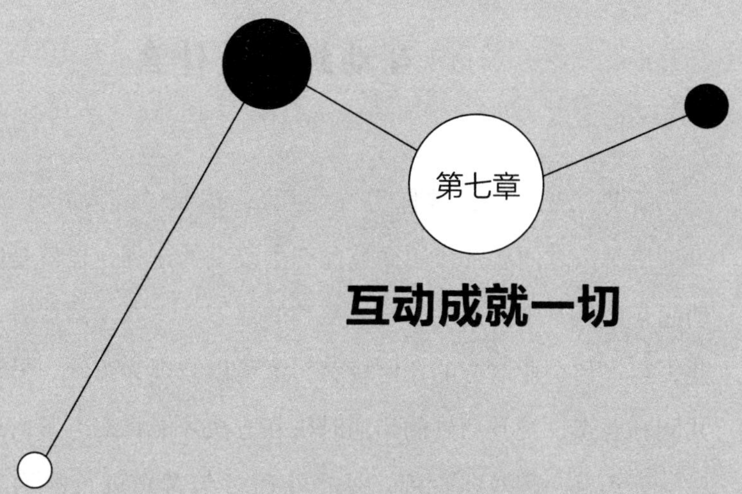

第七章 互动成就一切

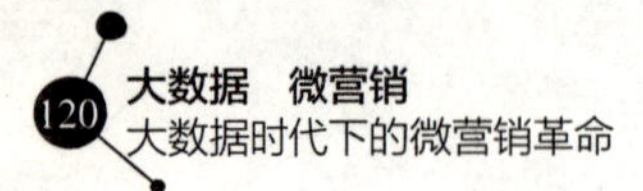

互动到底是什么

所谓“互动”又被称为“交互”，按照《辞海》中的解释就是指一种使对象之间相互作用而彼此产生改变的过程，也就是使双方互相的动起来，从营销的角度来看，互动的双方，一方是消费者，另一方是企业，客户与企业双方的任何接触，都可以被视为互动，另外抓住他们的共同利益点，找到巧妙的沟通时机和方法才能将双方紧密地结合起来。

互动是一种双向管理，是企业通过与客户进行的沟通、对话、交流，与客户进行信息、情感、业务等的交流与互换，一方面企业通过这种动态的交流可以掌握客户真实需求的变化，对客户需求和消费行为进行引导和管理，力争满足客户个性化的需求；另一方面也可以使客户更加了解企业的产品信息和品牌，使其了解、理解、支持、配合企业的行为，从而实现企业和客户双赢。

另外，企业通过与客户的互动，听取客户的批评和建议，会使客户感到自己可以影响服务，从而对服务产生信任感、亲切感，这样可以消除客户对服务机构在心理上的隔阂，听取客户的批评和建议，同样可以完善我们的产品和服务质量，从而给予消费者不一样的价值享受。

回顾历史，每一次媒体形态的变化，都会给营销产业带来翻天覆地的变化，毫无疑问，微博、微信的兴起，它们带来的“互动性”这一媒体形态变化是营销产业实现跳跃式发展的一个重要契机。微营销互动的出现，实现了寻找、发现精准客户的可能，互动的出现，让广告推广中那部分注定被浪费掉的市场投入，找到了实现价值的途径。而且最重要的是互动还具有能够非常深入地发掘每个用户的潜能的能力，把那些在传统媒体里“沉默的大多数”鲜活地呈现在企业面前，而且是一个个、分别地呈现在我们面前，“消费者”这个最能动的媒体参与者也才真正在营销中改变了被动接受的局面，出现了主动的、外显的特征。

企业与客户之间一旦建立良好的互动，就能增进彼此的了解，化解误会，就容易激励企业与客户建立亲密关系，在互动中加强彼此的关系。一些忠实客户，企业会给予其丰厚的奖励，他们也会成为企业免费的超级促销员。

我们再说一下星巴克，我们都知道它的定位就是鉴于办公室和家之间的休憩场所——“第三空间”，重视员工与客户的互动，提供完全放松的气氛及优质咖啡，也正是这一点让星巴克通过与客户亲切的互动关系，稳住老客户并不断地开拓新客源。这种互动和交流分享了咖啡文化，打响了星巴克这个品牌的知名度，同时也为星巴克稳定发展奠定了基础。

上面我们讲的都是互动对于企业的重要意义，对于客户来说，互动也有非凡的意义。比方说理发，只有你充分地配合理发师，并与他不断地交流，那么所剪出的发型才能如你所愿；比如看病，你只有毫不隐瞒地说出你的病情，医生才能做出诊断，对症下药，为你提供优质的医疗服务；一场演出，只有观众配合，该鼓掌的时候鼓掌、该安静的时候安静，才能调动演员的积极性，从而奉献圆满精彩的演出。其实我们企业服务也是如此，如果客户能够以积极的、合作的态度参与到服务生产过程，这样就能享受到优质的服务。

在迪士尼乐园中，有这样一个游戏。通过一系列游戏设施和表演，在早已预设的轨迹和效果中，在迪士尼世界固有而唯一的规律下，游客所感受到的是一段既惊险又安全且充满快乐的旅程。在这一旅程中，游客们可以同艺术家同台跳舞，参与电影配音、制作小型电视片，通过计算机影像合成为动画片中的主角，亲身参与升空、跳楼、攀登绝壁等各种绝技的拍摄制作，营造了欢乐的氛围。这种旅程的欢乐氛围是游乐园制造的，当然也是游客自己创造的。

总之，互动可以使得企业和客户达到双赢的目的，尤其是微营销时代，科技的发展为互动提供了越来越方便、快捷的方式，企业如果不抓住这个契机，最后必然会被淘汰。

与客户互动的方法

很多企业都由“基于交易”的运营模式转变为“基于关系”的运营模式，更加侧重于发展长期获利客户数量，采用互动与消费者形成亲密的关系，这是营销组织及其整个企业发生的显著变化，但是很多企业知道这个道理，真正去实施时，却不知道该如何与客户进行互动，下面我们对与客户互动的方法进行一些简单的介绍。

1. 面对面地互动

这种互动，对于企业来说，就是企业面对面地向客户介绍产品和品牌的信息，听取客户的建议和意见，及时答复和解决客户提出的问题，通过这些直接的方式，目的是解决和改进自己的产品和服务质量，满足客户的价值需求，对于客户来说就是积极配合企业的行为，让企业更好地为自己服务。

例如，很多服务大厅都会设置这样一个岗位就是引导员，他们能在第一时间了解客户的需求，并把客户分流到相应的处理区域，帮助客户在最短的时间以合理的方式完成业务，这就是一种面对面与客户互动最好的例子，通过引导员在服务大厅内不断巡视，主动热情解答客户的咨询，帮助客户处理业务，提高业务处理的效率。

前段时间闹得沸沸扬扬的医患纠纷，就是因为他们没有做好面对面的互动造成的，因为医院是一个特殊的场所，医生处于信息的强势位置，而患者处于不对称的弱势位置，因为对于检查、治疗、处方、配药等专业信息掌握的不对称极易产生医患之间的不信任，因此，医疗服务机构应加强与患者的互动。医护人员可通过与患者协商治疗方案来进行互动，体现人文关怀，这样能让患者有被重视的感觉。一个平易近人、善于与患者互动的医护人员，显然会给患者好的印象，会得到患者更多、更好的配合与信赖。

除了这些直接的关怀，企业应不定期地对客户拜访，力争促成面对面互动。邀请客户联谊是面对面的互动方式之一，是加深与客户感情的良好方式，联谊活动有多种形式，如宴会、娱乐活动、健身活动、参观考察等。联谊的目的是拉近与客户的距离，与客户建立一种朋友式的关系。

例如，汽车4S店可以组织车友俱乐部，在俱乐部中不但4S店可以把自己充分地营销给消费者，另外，俱乐部的各个成员也可以建立亲密的关系，从而形成一个朋友圈。

2. 间接与客户互动

说到间接，其实是通过经销商或侧面地与客户交流互动，这种形式不像刚才所提到的面对面的交流互动，而是采用间接的工具和手段与客户进行交流互动。比如随着技术的进步和互动实践的发展，新的互动渠道不断出现，企业与客户互动可通过先进的网络、通信等间接手段，比如微博、微信等手段，这样可以使企业与客户之间的互动更高效、更直接、可循环、可持续，同时满足客户的个性化需要。

微信、微博的兴起改变着企业与客户互动、交流的方式，服务机构可以在强大的数据库系统支持下，通过先进的手段，开设自己的网站为客户提供产品或服务信息，与客户进行实时互动。

例如，沃尔玛开设有沃尔玛（中国）官方网，沃尔玛网站不但是其与客户互动的重要平台，同时也是客户了解沃尔玛（中国）的窗口。网站的主要内容为：关于沃尔玛、沃尔玛购物广场、山姆会员商店、新闻动态（公司新闻与最新统计信息）、客户服务、招聘信息、联系我们等。客户可以通过沃尔玛的网页，了解他们想要了解的信息。同时，客户对沃尔玛有什么好的建议和意见都可以登录这个网站，实时对话或者留言，沃尔玛（中国）网站客服会第一时间解答客户的疑惑。

3. 通过网络与客户互动

中国国际航空股份有限公司（以下简称“国航”），是中国最大的国有航空运输服务机构，也是中国民航安全水平高、综合规模最大、拥有最新最好机队的航空公司。国航的成功与其善于与客户进行互动是分不开的。

国航网站主页采用用户双向互动系统，如预订管理、客户服务等多种语种服务页面，方便客户及时了解国航的各种信息，也有利于及时有效地解决客户的疑问与需求。同时多国语言的网页体现出国航“以人为本，客户至上”的经营理念，为更好地实现对客户的服务、增强客户满意度提供了坚实有力的保证。国航网站包含简体中文、繁体中文、英文等多种语言，方便了为不同国家的客户服务。蓝色的界面表现出一种宁静、理智与洁净，整个界面看起来并没有很多种颜色，重要的信息用红色来标志，让人一看就能明了。

国航还建立了知音贵宾会员微信群。微信群的建立及运行，为贵宾会员提供了相互交流的平台，使会员能够在第一时间反映遇到的问题，本着“以人为本”的思想，及时为会员分析事情的经过、寻找原因，并积极联系各个兄弟部门，尽一切可能为会员解决问题。兴趣爱好一致的会员还在微信群上利用休息时间安排各种活动，如品茶、登山、自驾游等，活动归来，大家兴致盎然，交流心得、提出活动建议，微信群上一片生机。

抛出吸引客户参与互动的“诱饵”

有人说，所谓的微营销其实很简单，就是在微信、微博上发布信息让客户观看，然后通过这些手段回复客户的需求，其实不是这么简单。

比如，当我们说到可乐，不自觉地就会想起可口可乐，当我们想到劳力士就是手表，说到麦当劳、肯德基就是快餐，说到李嘉诚就是华人首富，而不说他是股票大王。这是为什么？这是因为这些名称给我们消费者的印象深刻，营销的目的不是急于销售你的产品和服务，而是给消费者心中留下深刻的印象。也就是你的公司等于什么字眼，有了这个专属的字眼，深入人心，这就是定位，说白了，独特卖点就是你与众不同的核心竞争力的表现。然后把卖点提炼成简单的一句话，在微信、微博的开场白中用符合品牌调性的语言表达出来，从而引导客户互动和咨询，明确还不够，还要从情感上与客户交流互动，就像刚才我们说的和客户做朋友，这才是真的微营销，也只有这样的营销才有效果，这一节我们要讲的就是你靠什么与客户打成一片，就是你抛出什么诱饵，吸引到客户来与你互动交流。

微营销中超级诱饵最核心的目的就是获得客资和邀约入店，而不是急于成交，所以微营销诱饵的设计要围绕着这个目的进行。如何设计呢？金钱？名誉？有趣？好的互动设计应该是根据消费者的心理来刺激他们的行为，通过分析消费者社会化购物的心理，了解他们参与互动的动机，进而设计出满足需求的微营销玩法。

1. 诱饵——利

让客户与你互动，首先要给予他们相应的好处，这样他们才能心甘情愿地来了解你，并为你做宣传，前面我们也反复提到过，这个世界上的人没有一个不爱利或者是不爱走捷径的，只是程度不一样而已，免费的午餐、天上掉的馅饼谁都愿意去吃。所以在微营销中让利给客户的营销方式也是百试不爽，分享的送 iPhone（苹果公司的智能手机系列），送手表的活动层出不穷，但是这种瞬间触动消费者的神经的送大礼行为，有的时候效果也不是那样好：很多人都按照规则参与了全部活动内容，得奖就得奖，没得奖就当一次小概率的抽奖游戏并没有花钱购买商品。不是我们采用的方法有问题，而是执行有问题，送礼不只是送礼，而是在送礼的过程中让别人记住你，可是我们没有办到，到底该如何送礼呢？这是我们应该深思的问题。

首先，奖励力度应该向你的老顾客倾斜，前面我们也讲过新客户和老客户对于企业的意义，有些企业不停地追求新客户，而忽略了对老客户的关爱，这样得不偿失，要记住老客户才是企业的重要资源，他们才是维护企业正面形象的坚强后盾，是企业形象传播的中心点。如果企业有3台iPhone（苹果手机）作为奖励，请把2台给你的老客户，那要比不给老客户的效果肯定不一样。

其次，对不同的客户我们设置的奖励也要有所不同。我们可以把客户分为忠实客户、普通客户、潜在客户、竞争对手的客户。对于比较容易维护关系的忠实客户我们可以设置“优先权”，不求回报地给予他们尊贵的享受权，比如“新品尝鲜权”和“免费试用权”等；对于普通客户和潜在客户可以设置“产品促销”“免费试用”等吸引手段；对于竞争对手的客户我们则要采取大奖的诱导方式，首先要把他们的目光吸引过来，再向他们灌输我们产品的优势。

最后，送出的大奖也要打上自己的“标签”，打上标签的大奖才能让别人记住你，比如你获得奖励一部电话，而这部电话只有用指定的电话卡才能使用，这样就会让有需求的客户来购买指定的电话卡。

2. 诱饵二——聚

人是一种集体动物，每个人都有对友情、爱情和隶属关系的需求，社交需求位于马斯洛需求理论的第三个层面。尤其是在现代社会这种需求愈加强烈，随着低头族人数越来越多，“科技越发达，人越孤独”成为现实。微营销，则能够为人们的交流提供一种全新的渠道，它对用户最直接的意义就是使社交更加顺畅。

微营销中是怎么实现“聚”的呢？Menplus（男性主义）在淘江湖的营销事件可以作为聚的典型，它充分利用80后对变形金刚的痴迷和狂热，建造一个平台把他们聚集到一起，形成了一个以“变形金刚”为主题讨论的盛大聚会。“聚”这个诱饵通常可以用于具有较多有共同话题的网友，比如说孕妇、球迷、车友等，再融入意见领袖，提升话题的专业程度，这种兴趣结合型的社交将会变得更加吸引人，然后在这个圈子里实行营销，也会简单很多。

3. 诱饵三——秀

秀就是满足消费者喜欢被认可的需求，或者是说满足消费者能够被关注的需求，对于无法抵制这个诱饵的消费者，都是极好的传播人群，他们喜欢享受参与感和成就感，并且乐于将自己参与的过程分享出去。“秀”对于营销者的要求相当高，因为要激发这些人秀的激情是不容易的，做到这一点首先我们要找准秀的需求点，还要为其营造浓厚的秀氛围。

比如 Vitamin Water（一种产品）在推出新产品之前，都会让用户参与到整个产品设计的互动方法中，在平台上开展关于产品名称、包装等方面的想法征集，然后再在这些想法中层层挑选，最终运用，在整个过程中，消费者参与度非常高，因为他满足了消费者展示的愿望，或许下一款产品就是我设计的产品，那该是多么有意义的事情，最终在新品“Connect”（连接）上线时，这些参与互动的客户都成了他的忠实客户。

4. 诱饵四——知

中国人是比较爱凑热闹的，比如一个人在路边注视着一个东西，很快就有人过来看，然后别人会想这么多人看什么，于是就会有很多人过来看，最后的结果是第一个看的人也不知道他们都在看什么，这就是中国特色的从众思想。对于购物也是一样，由于消费者处于购物信息不对称的弱势阶段，所以他们一般喜欢跟着别人的步伐，别人在购物中有好的购物体验，这应该不会有错，这就是为什么畅销的东西越来越畅销的原因所在。

既然有这样的规律，作为营销者的我们应该顺势而为，自然能取得不错的效果，因为消费者渴望从社交中获取一些与购物商品有关的信息、别人的购物决策、权威专家的认证，所以我们可以提供这些作为诱饵，比如购物心得、购物体验等，让未购买者参与投票或评论，或者通过舆论领袖以及专业人士为用户答疑解惑、做出相关推荐等为消费者提供相关的购物信息。

5. 诱饵五——趣

人们生活压力很大，都愿意看一些有趣的、使自己放松的事情，所以“趣”的含义很广，比如人们关注的热点、搞笑的、能够让人们津津乐道的文字和视频都可以归于此类，利用它们营销必然可以吸引广大客户。

我们将“趣”归纳为以下几类，第一，八卦，现在八卦成为经久不衰的话题，人们乐于传播八卦，而且乐于添枝加叶地传播八卦；第二，奇，“杜蕾斯鞋套”事件为他们带来了近50万的曝光量，奇的力量让创意更加丰富多彩；第三，笑，轻松幽默的搞笑事件总能让人们印象深刻；第四，猜，吊吊客户的胃口，留个大悬念，设置个包袱，让他为想知道你们就不告诉他们的事情抓狂吧；第五，新，很多相亲会不叫相亲会，叫“解救大龄女青年”，新奇的表述让人很容易被吸引过来；第六，梦，创造一个人人都向往的梦想，让梦想在虚拟中得到满足。

6. 诱饵六——情

有人就有人情味，人与人只有情感的传递，才能彼此理解信任，在网络时代，这个中间的纽带就是网络，在这个平台上，人性的闪光点可以无拘无束地被放大并受重任景仰，而人性的邪恶处也同样会被万人唾弃。

2011年春节期间，“随手拍照解救乞讨儿童”行动引发了成千上万网友的关注，知名人士、热心网友、慈善机构、各地警方等纷纷给力关注，并加入解救乞讨儿童的行动中。姚晨、李承鹏、刘春、徐小平、冯小刚、李冰冰、赵薇、蔡康永等知名人士纷纷转发“随手拍照解救乞讨儿童”微博，引发越来越广泛的社会关注。微博打拐，一场微博世界里的打拐行动，尽“微博”之力，让孩子回家。

打造零成本的互动传播机制

零成本也就是不花一分钱，你肯定觉得这不可以，因为以前在中国，品牌成功的可能只有你在央视砸下几个亿拍下标王，确实，在网络爆炸式的今天，也不敢否认钱的威力，但是，“标王”又是几家公司可以做到的呢？

然而不要沮丧，今天没钱的确也可以做营销，因为现在是一个“凤姐”传播的时代，在这个时代，只要你抛对诱饵，你的用户免费帮你传播和推广。

说到这个话题，我们不得不提到此营销方法开发的功臣，那个大名鼎鼎的人物“凤姐”。

> 凤姐，原名罗玉凤，她通过一系列的行为和雷人的言论迅速在网络上走红，被人称为“凤姐”，我们来“瞻仰”一下“凤姐”的经典语录，她自称懂诗画、会弹琴、精通古汉语，9岁起博览群书，20岁时达到顶峰，智商更是前300年后300年无人能及，现在主要研读经济类和《知音》《故事会》等人文社科类书籍。她的身材和相貌不敢恭维，但却开出苛刻、令人发指的择偶条件，导致偌大的中国竟没有一个能与之相配的男人……最后得知美国总统奥巴马，才具有竞选的条件。

“凤姐”事件被疯狂地传播，抛去从电视被其惊吓到的那几亿观众不说，中国的4亿网民哪个没有被她“污染”过眼球？而且此次营销活动一分钱也没有花，她却能够像病毒一样疯狂地传播，它靠的就是网络社会的力量。

首先“凤姐”的亮相“瞎掉”了一个人的下巴，于是这个人就把“凤姐”的“恐怖行为”用视频或图片或文字的形式“转帖”到他的SNS网站或者微博的个人页面上。他的20个好友看到这个，下巴也纷纷掉了下来，于是也像他一样，做了同样的动作，这20个朋友的每个人的20个好友下巴又“掉”了……就这样转帖再继续，病毒式传播在瞬间蔓延。当“转帖”动作不断蔓延下去，“凤姐”这个词变成了“热词”，我们都知道，热词会被各大搜索网站收录，并且显示在网站首页的明显位置，这时“凤姐”不再是人对人传播那么简单，而是形成了各大媒体主动追踪的热点新闻，在热点新闻的影响下，就会引发一轮又一轮更大规模的病毒式传播，传播效果之大简直不可想象。

这时你可能会问了，SNS网站是什么，微博是什么，如果营销人也能运用他们做营销，那效果也会不堪设想的。

他们叫作“社交媒体”（Social Media），网友为“凤姐”免费疯狂传播的力量，目前全都依附于它。

“社交媒体”是一种给予用户极大参与空间的新型在线媒体，博客、维基、播客、论坛、社交网络、内容社区是具体的实例。它可以激发感兴趣的人主动地贡献和反馈，模糊了媒体和受众之间的界限；大部分的社交媒体都可以免费参与其中，他们鼓励人们评论、反馈和分享信息，参与和利用社交媒体中的内容几乎没有任何的障碍；传统的媒体采取的是“播出”的形式，内容由媒体向用户传播，单向流动，而社交媒体的优势在于，内容在媒体和用户之间双向传播，形成交流；在社交媒体中，人们可以很快地形成一个社区，并以育婴、车友或者电影等共同感兴趣的内容为话题，进行充分的交流；大部分的社交媒体都具有强大的连通性，通过链接，将多种媒体融合到一起。

一群有相同爱好的人聚在一起的商业价值，如今的网络时代，社交媒体正在改变着企业的经营方式，让越来越多的忠实用户参与到企业的宣传和产品创新过程，而这一切，都不会给企业增添任何成本。那么，你的企业有没有利用社交媒体呢？下面我们将向大家介绍这股力量是怎么形成的，我们该如何正确应用这些工具，我们归纳为核心用户产生的内容影响到周边的一般用户和潜在用户，并通过涟漪效应辐射大批用户，营销事件就开始了“雪球效应”。

1. 以诱饵吸引意见领袖产生更多优质的内容

微营销的第一步就是设计诱饵，前面我们讲了各种诱饵，以及设计诱饵的方法，在这里我们就不过多讨论了。企业在鱼儿多的地方投放诱饵，什么地方是鱼儿的聚集地呢？一般情况下忠实客户和粉丝会因为对产品或品牌的偏好而有着天然的联系，他们的聚集地就是鱼儿最多的地方，另外，面对诱人的诱饵，可能会对企业比较熟悉的粉丝起作用，而那些陌生客户因为不了解，也许会对诱饵视而不见，或者拿到诱饵就溜之大吉，但是那些忠实客户就不一样，他们会主动传播企业的内容，而且还会对此二次加工，甚至自己创造出优质的内容，从而对其他消费者造成影响，这部分活跃分子，我们称之为意见领袖，他们不仅对内容进行创造加工，而且独特的领袖气质也会对其他人的思想和行为造成积极的影响，另外意见领袖会产生很大的辐射，会将企业的感情扩散给受众，那么第一时间接受意见领袖的普通客户，一方面受到意见领袖的感染，另一方面他们也在互动的过程中付出过努力，从心理学上讲，因为他们的付出而产生爱恋，然后这部分普通用户也会成为意见领袖。

2. 形成传播的中心点，产生涟漪效应

经过上面过程的处理后，在微营销平台上沉淀下来的就是有深度影响力的优质内容，还有一批有传播欲望，喜欢把自己对品牌的感情分享给大家的忠实粉丝。近日热播的《万万没想到》以其夸张、不按常理出牌、揭示小人物的内心等特点，常常让观众捧腹大笑，但是我们也不要忽略那些常常向他们的朋友们推荐这几部戏的粉丝们，他们或会化为戏中人物做出搞怪的行为，或是摘录戏中经典语录，让别人熟知，这部分人就是传播的中心，他们对于信息的传播规模、走向及意见等都有很强的把控力，而且他们有很强的传播行为力。我们称之为涟漪效应，就像是用力向水中扔下一块石头一样，这股强的冲力会向四周层层施加影响，离中心最近的所受影响的力度会最大，随着能量的消耗影响将会逐渐减少，我们粉丝就是那个传播的中心，对外面层层施加影响。

3. 形成品牌偏好的社会化群体

微营销中，消费者每个人都是自媒体，每个人都能实时实地地发出声音，传播的规律就是先有一批忠实的客户创造出优质的内容，再因他们自身的影响力和社会关系网络向外传播，这也是微营销互动所起的重要作用，它可利用忠实用户的力量来帮助企业聚集新的购买人群，并建立良性持续的购买力，为什么微营销平台就会引起大批量的人围观？主要原因是传播的及时性，由于渠道多样化，信息往往是第一时间被用户知晓，而且信息经过加工后再传播也是可以同步完成的，并且消费者可以利用先进的工具精准地找到与自己有共同爱好，相同兴趣的人，很容易便形成群体。互动的精髓就是将一批素不相识的人联系起来，微营销的互动很容易就能将这些参与人进行归类，并让他们找到自己的族群，从某种意义上来讲，互动就是线上的情感交流方式，是以最有效率最柔和的方式让同类聚集在一起。这些聚集的人群或由流动化转化成常态

化，当下一次进行互动活动时，这批常态化的粉丝团体就会成为他们的意见领袖，这将是一笔巨大的财富。

通过上述三方面的介绍，我们总结零成本的互动传播机制是企业设计的互动诱饵引导意见领袖产生内容，并通过他们的影响力传播这些内容，而这样的信息很容易被普通用户接受，因此他们会变成忠实用户，经过上述步骤，稳定的中心化传播就已经形成了。这些优质的内容会通过关系网络的互动，以“涟漪效应”的形式大面积的辐射到微营销平台，这会撬动接受者或者是潜在消费者的需求。而参与互动的消费者会形成基于共同消费体验或产品偏好的社会化群体，这种组织是企业产品用户中最有忠诚度且具有最大吸引力的一群人。他们通过交流在内部达成对企业的忠诚度，成为下一拨微营销活动的意见领袖，从而影响其他消费者的行为。

建立客户互动的反馈机制

什么是反馈？先举个例子，航船的航向取决于一系列内部和外部的因素，内部因素包括仪表是否存在误差、机器是否可靠等，外部的因素比较多，比如风向、水向、风速、水速等，要想保证正确的航向准确地到达目的地，就需要船长采用一系列科学而又巧妙的方法，撇开一切变化的干扰不管，关键是侧准各种因素作用的总结果——实现航向同预定航向之间的“目标差”，从而及时地调整舵轮，这种控制方法就是反馈。另一种解释是把信息输送出去，又把其作用结果反馈回来，并根据作用结果对下一次的信息输送进行调整，从而起到控制的作用，以达到预期的目的。

互动效果要想达到最佳，这个航向要想不偏移，就要对信息数量以及传播的影响力进行反馈机制的打造。

信息数量又包括关系强度和信息流通机制。

关系强度：我们都知道互动传播，就是人与人之间建立网络，在此基础上的互动。人与人之间关系的强弱直接决定互动的效果，是不是人与人关系越亲密，互动效果就一定好呢？在社会学中有一个“弱连带优势”的理论，这种理论指的是人往往会与那些各方面与自己具有较强相似度的人建立亲密的关系，但是这些人掌握的信息和他自己所掌握的差别不大，不如那些与自己关系疏远的人，存在明显的差异，从他们那里更有可能获得对方的帮助，所以弱连带关系更可能为人们带来意外的机会。

在人人网中取得联系的一般都是自己的同学朋友，这是一种建立在强关系上的，而微博则是一种弱关系，根据上面的分析微博似乎比人人网具有更强的力量，尤其是在网络这种以互动为主的媒介中，信息的传播是非正式的，与传统的媒介相比，其传播速度更快，而且传播的范围更广，所以，企业应该抓住这个机遇，努力设计定制诱发消费者传播正面口碑的策略，把握好消费者的现实需求，让信息可以在人际间自然扩展流通，以产生更多的优质信息。

信息流通机制：在微营销快速发展的时期，信息的呈现形式以及传播载体也在不断地更新，企业在设计互动营销活动要充分考虑到采用哪种载体才能保证信息流通的便捷性，比如关于视频、图片、声音、文字这些不同的互动平台对于同一种呈现形式的效果也是有差别的，微视频更倾向于视频的传播，微博更倾向于文字，微信则更倾向于图片和声音。好的呈现形式能够直接营销到信息流通的畅通性，从而让更多的人参与互动。

传播影响力则包括意见领袖的传播能力、社区氛围和消费者口碑搜索的主动性。

意见领袖的传播能力：上面讲“涟漪效应”的时候我们也阐述过。意见领袖就是那抛下去的实质，如果意见领袖有着广泛的社交圈或者是较强的传播能力，那么这块石头落入水中的冲力将会大大地增强。意见领袖的传播能力，往往从他的个人魅力、所具备的专业知识以及个人认知。这就是为什么很多广而告之愿意找一些明星名人做代言的愿意，虽然微营销对意见领袖个人能力的依赖性没有传统媒体那么强，但是作用也不可小觑。

社区氛围：处于信任的氛围更能促进互动传播的影响力，处于一个信任的氛围的社区网络中，不仅信息给予和获得的意愿将会大大增强，而且活动参与者的行为及发布的数量和质量都会得到正向的影响。比如亚马逊网站曾经发生过这样一个事故，亚马逊书评网站出现错误，导致作者和网托儿利用在线评论作为推销或批评一本图书的工具的这一事实被暴露，这一事件发生后，一方面该网站的信誉度在消费者的心目中大打折扣，网站的评论内容以及失去了原有的公众打分的意义；另一方面消费者由于对这样的评论机制失去信任，从而也失去了自己发布内容的冲动，影响他们参与的热情。

消费者口碑搜索的主动性：微营销是一种互动营销，随着消费者理性意识和主动意识的增强，如何增强消费者的口碑搜索主动性也成了重要的策略，主动搜索能更让消费者接受到更多有关产品和企业的信息，从而加深对传播内容的认知。另外，主动搜索的消费者更容易成为传播者，因为他们在搜索的过程中常常会询问一些与产品服务相关的问题，在通过互动得到解答后更容易激发他们再次发布信息的可能性，所以，主动搜索更容易加深消费者对传播信息的认可。

互动效果就是船舶的航向，信息数量和传播影响力则是影响船舶航向的内外因素，所以，对他们进行科学的控制，打造客户互动的反馈机制，自然互动效果也会沿着设定的目标前进。

案例：小米参与感式互动营销案例

成立短短三年的小米手机营销非常成功，截至2013年9月，正式发售11个月的小米2（包括小米2A和2S）销量突破1000万台、2013年上半年销量703万台、MIUI用户超过2000万台，预计小米手机全年销售约1800万台，销售额约300亿元，这个数字超过了联想和华为等大公司的手机产品销售额，成为国产手机销售额第一。另外客户端活跃度高于其他国产手机，与三星并行在排行榜上。

在规模和用户活跃度上，小米手机凭借什么“秘诀”取得成功？

小米合伙创始人、副总裁黎万强揭示了这一秘诀，就是：第一是参与感；第二是参与感；第三还是参与感。从产品开发、营销、服务，用户都有全程参与。独立分析师金错刀说：从某种意义上说，小米卖的不是手机，而是参与感。

小米的“参与感”和索尼CEO强调的日语中的“感动”颇有类似之处，“产品要取得成功，科技需要激起使用者情感反馈，在日本文化中，我们称它为Kano——感动。”

为什么小米手机的参与感能取得成功？现在这个时代，智能手机在我们生活中所占的地位越来越重要，无论工作、生活、娱乐还是社交，我们对手机功能的需求与依赖程度与日俱增，工作中收发邮件，任务协作；生活中的网络购物，各种查询服务，预订服务；娱乐方面火爆的手游市场；社交方面几近引起人们现实生活危机感的微信、微博等。“参与感”才会有培植成活的概率，频繁使用才有兴趣参与。

我们来看看米粉经济学。

2009年，雷军二次创业成立了小米，他的第一个产品是MIUI（米柚）操作系统，当时黎万强负责MIUI业务，雷军给他下了死命令，要求不花一分钱做到100万个用户，他想唯一的办法只有在论坛上做口碑，于是黎万强开始带领团队泡论坛、灌水、发广告、寻找资深用户。黎万强从最初发展的1000个人中选出100个作为超级用户，参与到MIUI的设计、研发、营销、反馈等全过程，这100个人就是最早的米粉。后来开始做小米手机，经过不断发展MINI论坛的注册用户已经超过100万个，这些人成为小米手机的第一批粉丝，他们遍布全球数十个国家，传播覆盖面既大又快，2010年微博开始兴起，论坛的阵地开始向微博覆盖，这又为小米的推广助了一把力，目前小米论坛注册用户超过1000万个，日发帖量超过10万个，在小米论坛上小米参与调研、产品开发、测试、传播、营销、公关等多个环节。现在小米还会收集粉丝对新MIUI的反馈意见，根据他们的建议或者投票结果来更新操作系统。MIUI至今做了上千处优化改进，每周更新一次，现在的所有功能中，有1/3来自“米粉”的创意。

虽然小米好像是在模仿苹果，其实本质上小米仍是一家开放的互联网化的公司，从研发，小米就跟用户待在一起，因为“小”而选择了灵活的网络化的运作模式，连主管营销的黎万强都天天泡在论坛上，观看粉丝的东西，并与他们实时互动，而且小米的研发团队也被要求与粉丝互动，一方面可以获得用户的需求，调整研发的方向；另一方面这种交流本身就有意义，表面“我们是一伙儿的”，提升粉丝对小米品牌的参与感和认同感，使得双方的联系更紧密。互联网时代本就是人人都可以发言，无论是国家大事或者一部小小的手机，尊重并倾听他们的意见，把自己的产品变成大家共同的创作，他们自会爱你。

除了线上活动外，在线下也会举行各种各样的活动，目前米粉的“同城会”已经覆盖了31个省市，各同城会会自发搞活动，黎万强说，米粉文化有些类似于车友会，车友会是因为车这个共同爱好而聚在一起，然后组织各种形式的线下活动，米粉是因为小米手机而聚在一起，在线下组织活动。一般规律，以某个人、某件事或某种爱好的圈子形成之后，情绪和信息就可以在这个有共同特质的圈子里飞快传播。粉丝团的特征在于，圈外人看得云里雾里，常常表示无法理解，而圈内人则乐在其中，享受着好友们分享感受的认同感和亲密感，小米粉丝团的活动就延伸到了“同城交友会”跟手机本身已经没太大关系，表面上看，粉丝们是在追捧小米，实际上他们是在借此来寻找同类，缓解现代社会中无处不在的孤独感。

近日，海尔集团董事局主席张瑞敏在与《21世纪经济报道》的工作人员私下交流时说：未来的生产、制造是并行的，即开发者、消费者、供应链伙伴、销售渠道、售后服务等在产品设计阶段即参与进来，参与开发、产品设计、生产制造、销售、服务等整个产品周期；与之相对应，过去的生产制造是串行的，开发者、消费、供应链、渠道、售后服务是割裂的，只参与某个环节。

“并行模式、全产品周期参与”也正是小米的秘诀：小米公司、小米供应商、小米电商（xiaomin. com）、米粉、小米售后全程参与“小米手机”的所有环节，各个环节的各个参与者高频度互动、高度参与。

社会化营销在其中起到的作用则是，通过互动、口碑模式，将更多的人裹挟进入小米发起的这场“人民战争”。正是从这种意义上来说，小米卖的不是手机，卖的是参与感。

消费者选择商品的决策心理在这几十年发生了巨大的转变。用户购买一件商品，从最早的功能式消费，到后来的品牌式消费，再到近年流行起来的体验式消费，不久的将来我们发现小米全新的“参与式消费”将成为最流畅的模式。

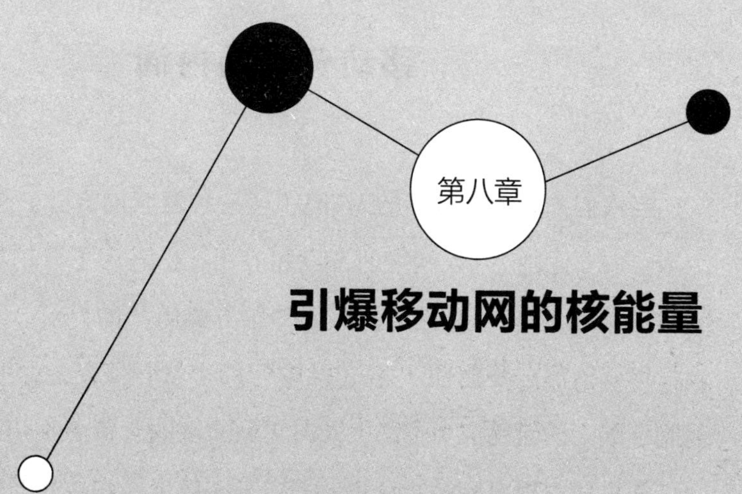

第八章

引爆移动网的核能量

移动营销的内涵

当人们开始关注网络的Web3.0（一种互联网方式）时代时，另一个重要的概念随着4G网络的布设和应用，也进入了营销界的视野，那就是“第五媒体”。虽然现在关于“第五媒体”的界定，学术界争论频频，但营销注定要借助“第五媒体”的力量开辟新的战场，所以具有前瞻性眼光的营销人员务必要及时更新自己的营销思维和策略装备。

手机和平板电脑是当今普及率最高的信息终端，我们可以使用它们做很多事，比如查询航班时刻、银行转账支付、预订酒店等，这也就是新兴的强势的“第五媒体”，也就是移动互联网媒体。这种媒体具有随身性和定向性的优势，而且目前用户使用移动互联网访问的认可度也正在增加，超过18亿的用户持有具备语言、文本信息、图像以及互联网通信能力的移动设备，这已经是一个巨大的市场。随着我们直接进入无线通信时代，这种现象刺激内部消费，手机支付变得越来越便捷，业内人士认为，从营销角度讲，以手机、平板等“第五媒体”为代表的移动营销魅力势不可当。

移动营销是指使用移动或者无线设备进行营销活动。移动营销的出现，使得一个商业组织的营销梦想成为现实——他们可以直接地、一对一地对目标人群中的个体进行交流，并更可能得到实时的反馈。另外一种说法，移动营销是在强大的数据库支持下，利用手机通过无线广告把个性化即时信息精准有效地传递给消费者个人，达到“一对一”的互动营销目的。

我们来举个例子。

> 小李是在北京上班的一个上班族，因为工作的需要，急需要一个代步工具，于是决定购买一部车，因为工作时间不长，手里的积蓄也不多，准备购买一部国产车，这段时间他总是不断地收集一些国产车的信息，有一天他正在等公交车，突然看到他的手机上来了这样一条微信：“原来车子也能团。”
>
> 大家都知道，团购要比去4S店购买要便宜得多，对于一个经济拮据的人来说，能团购买车真的很重要。于是小李就赶紧点进了相关的WAP（无线应用通信协议）网页，按照上面的提示顺利地参加到团购之中，果然比实体店要便宜很多。之后，小李顺利购买到自己的首部爱车，当然车企也顺利完成了销售。

这是企业移动营销成功的范例。由于小李经常浏览汽车信息，便产生了很多的数据，也正是车企对目标受众群进行了细致的调查，并基于建立的数据库，才能有针对性一对一地把信息精准地传达到小李的手机上，当然别忘了手机这个媒介。这就是移动营销。

传统的营销模式是一对多，所以消费者在接受营销活动的时候可能会受到其他消费者的影响，这可能使营销活动陷入僵局，另外传统的营销模式没有针对性，属于群发，所以说服力不强，难以深入人心，而移动营销则可以彻底解决这两个问题。贴身的营销空间给予了消费者充足的自主空间，消费者完全可以根据自己的喜好判断是否接受这一产品。同时，他还极其有针对性，信息内容必须是消费者所关心的，这大大地增加了营销的成功概率。

1. 一些较为普遍的移动营销机会

①短信服务是一种用移动电话发送和接收文本信息的服务。同时，短信同样可以在互联网上通过短信服务网关发出。短信服务带动了短信竞猜等新的营销宣传模式，例如，“发送短信，赢取免费 NBA（美国国家篮球协会）球票。”

②多媒体信息服务通过其增强的传输服务，使移动设备具备了收发视频剪辑、彩色图片、文本和音频文件等多媒体数据的能力，这些技术带来了无尽的市场机遇和可观的收益，即时的联系、即时的回复以及多媒体能力。

③无线服务供应商已经将即时通信纳入其服务的一部分。

④基于地理位置的信息服务将会改变我们做的很多事情。随着技术的发展，能够精确到你所在地理位置 5 ~ 10 码的范围内，提高了向目标人群发送对地理位置有较强针对性的广告的可能性。

⑤每一部手机都是唯一的用户标志，从而通过它建立起用户资料，我们根据这些资料有针对性地发送相关信息。

⑥移动图片、视频和音频文件瞬间就能通过一台移动设备添加到博客。

⑦企业应始终在每周的套餐折扣、临近的比赛活动、新闻发布，寻找到针对性广告和订阅促销的许可营销的契机，移动设备是另一种许可营销的渠道，你可以通过提供 RSS（简易信息聚合）订阅，把你网站的内容发布到移动设备上，从而向用户提供有针对性的内容，你还可以发送交通状况、电子优惠券等给订阅者。

2. 不同的移动营销应用能够带来各种各样的收益

①移动营销直接。即时地与个人取得沟通，第一时间获得反馈。

②能够提高品牌知名度。

③通过建立客户档案，能够使你的产品、促销活动或者其他行为变得非常有针对性。

④发送信息的成本效益高。

⑤当你在恰当的时间，向适合的用户推荐了合适的产品信息，销售量就能得以增长。

⑥能够增加网站的访问量。

⑦能够提高客户忠诚度。

⑧个性化的信息比一般信息能获得更多的回馈率。

⑨即时的影响力。

⑩这种媒介便于在人们之间互相传播，迅速而且简单。

⑪互动性——目标客户可以使用这种技术参与进去。

⑫营销方和目标市场之间的双向交流可以实现一对一的营销。

通过这种媒介，你能获得不可估量的潜在客户数量。有超过 18 亿消费者在使用这种技术。

开启监测，锁定消费者

在移动营销中，有一个非常方便便捷的工具，那就是定位监测系统。当然定位监测系统不是为了监测顾客的隐私，而是要时刻把握客户的动态，了解到他们需要什么、喜欢什么，才能更好地为营销服务，这也是移动监测的好处所在，下面我们对监测的好处进行详细的介绍。

1. 移动监测可以提高企业的广告效果，进行有效营销监测

互联网营销和移动营销对营销费用的节省前面我也提到过，非常有

效，与互联网营销相比，移动营销也有他的优势所在，那就是具有监测功能，可以迅速提升传播效果，并且监测这一效果的发展情况。拿中国好声音为例，加多宝不惜花费巨款，吸引了上百万的人群参与其中，加多宝还实行了口碑监测，严格接受用户反馈，很好地维护了广告推广的营销效果。

2. 监测可以增加消费者的忠诚度

监测是一个长期有效的措施，也必须长期地执行，也正因为长期地执行，延长了用户对于企业移动产品的使用时间。雀巢的“花心筒”积分竞拍活动就是监测最好的案例，消费者通过手机发送“积分密码”，企业对参与者进行监测，他们进行角逐，然后晋级，最终使得参与者获得大奖。参与者很容易会认为大奖就是为自己设置的，于是纷纷购买产品，并且参与积分兑换，这次活动不仅应用了移动娱乐式营销，也是一次成功的移动监测，参与者会在长期的参与者方式对营销的警惕，因为长期的接触，这就无形中增加了消费者的忠诚度。

3. 监测可以帮助收集目标用户的信息，从而实现精准营销

原来的监测没有这样的功能，但是目前手机号都实行实名制，这就意味着手机号是除了身份证之外的第二个身份证明，消费者在登录某些网站都会留下自己的手机号，这些都将会收录到大数据库，所以基于手机号我们便可以真实、精准地了解这个人的信息，对手机号监测，可以达到精准营销，另外手机号我们都不会轻易更换，这就决定这个检测就会有很长的周期，那么价值也就更大。

4. 监测可以实现客户群的分类和营销的本地化

监测还有一个最大的优点就是具有很强的区分性，利用监测可以将用户群按区域、消费类型进行分类，分别再采用不同的营销策略，这样一来，不仅拉近了企业和客户之间的距离，也会有更多客户参与其中。

移动营销监测有这么多的好处，企业要积极运用，如果通过监测锁定消费者呢？无非有两点，一个是加强对于监测与移动用户的分类学习；另外一个则是精确定位，锁定消费者。

我们首先对客户群划分的原理进行简单的介绍，一般是通过用户SIM（智能卡）卡串号获取用户的定位和细分信息，还有一个是IMEI（移动设备国际身份码），因为IMEI是每台移动设备唯一的标志，它可以区分出用户运营商归属，以及手机型号和所处位置等信息，另外设备串号，一般来说锁定的都是唯一的真实用户。严格接受监控反馈，锁定消费者，这一点说起来容易做起来却很难，除了利用IMEI和SIM串号来区别、划分客户之外，还要懂得利用GPS（全球定位系统）移动监测来了解客户的时事动态，进行严格的动态监测，然后再通过企业对客户的长期活动和短信群发等形式吸引客户的参与，这样就建立起来一个长期互动的关系，就能赢得一部分客户的信任，从而转化为忠实客户。监测除此之外还有一个作用就是，可以收集反馈意见，从而改进自身，这样才能保证客户短时间内不会流失。

与互联网共享，加快追逐脚步

随着移动网络技术，如基于XML（可扩展标记语言）的网络浏览技术的成熟，传统互联网和移动互联网会进一步融合，从而加快互联网用户向手机上网用户的转移。而移动网络基础设施的逐步完善和手机上网资费下降等，会促使中国手机上网用户呈现爆炸性增长。移动互联网行业正迎来春天。这是对移动互联网行业最振奋人心的消息。

庞大的手机市场，反映了移动互联网在中国巨大的市场前景，移动营销的魅力显现出来。如何发展具有特色的移动互联网，如何将6亿多移动通信人口转变成移动互联网人口，如何建立有助于移动互联网发展的商业模式，是整个产业链上下游企业的破题之法。

而企业要想真正将这两者结合起来做营销的话，就必须从移动网络平台上形形色色的移动应用程序着手，不仅仅是因为这些程序的新奇有趣能吸引广大客户，更重要的是他们具备足够强大的功能，是互联网与移动互联网整合的最主要媒介之一。

1. 移动网络应用程序可以分为两大类

第一类是客户端。客户端有手机自带的，还有就是需要下载安装才能使用的。客户端是互联网移植到移动互联网的最主要途径，一般互联网上的一些一线网络产品纷纷移植到手机上，比如淘宝、网易新闻、百度、优酷等主流网络媒体，早早就在移动应用程序中占据了一席之地。

第二类就是浏览器。互联网和移动互联网的差别不大，互联网的浏览器是建立在IE（一款网页浏览器）的基础上，手机则是建立在3G、4G网络的基础上，通过手机自带浏览器，下载第三方浏览器进行访问。未来的手机浏览器的模式将以HTML5（一个应用超文本标记语言的第五次重大修改）为主，正往这个方向逐渐发展。

从具体的功能上划分，可分为基础类，比如手机浏览器、游戏类、工具类、媒体类、生活服务类、商务类等。在这些应用软件中，最适合做移动营销的就是基础类和商务类，这是因为他们本身也包含了宣传或者营销的成分，现在绝对不能忽视其他类型的营销功能，比如游戏类发展就非常的迅速，嵌入式营销更能带来意想不到的效果。

2. 对用户关键指标进行监测

这是指如要监测企业关于一些应用软件的移动营销发展到了什么地步，就必须看移动应用的用户关键指标。用户关键指标是指以下几种。

第一，活跃用户。相当于微信、微博营销中的忠实客户，获取办法是通过网络后台来获取用户行为信息，然后再统计获得的，这里面的用户之所以说是活跃有效的，是因为他们对应着真实的手机号，所以可以作为衡量企业应用的核心指标。活跃用户的统计分为月度统计和每日统计。

第二，每日 PV（页面浏览量）数。所谓 PV 数就是每日应用产生的浏览次数，商家可以统计这一数据，明确当前在移动营销中的人气值，从而得知移动营销的总体发展状况。

第三，每日广告 PV 数。广告 PV 就是每日用户提取广告的次数，通过这一点，企业可以时刻了解到当前营销的发展阶段，从而获悉下一阶段的营销目标以及投入方向。

通过这些关键数据，企业不仅能够明确营销的发展情况，更能调整它的营销方向，也能够了解企业移动应用程序的应用范围、使用效果，也就能与互联网营销有效融合，从而加快营销的转变步伐。

移动互联网的发展需要一个公平竞争的舞台，让有志于开发移动互联网的企业积极参与，共同培育市场，共同完善手机上网环境。与互联网相比，在业务创新方面，互联网有着不可比拟的优势，但是这些创新应用往往会由于缺乏可靠的赢利模式而失去可持续发展的能力。因此，将互联网的创新能力和移动网的赢利模式结合起来，将会是一个良性的发展模式。

通话、信息、邮件与其他监测

除了 GPS（全球定位系统）这种科技性很强的定位和监测系统外，

其实手机的几大功能也都具有用户监测的功能，比如通话、信息、邮件等，都能够让用户在接收到企业的移动营销的同时，让企业及时地接收用户的信息，从而实现实时的监测和管理分类。

1. 通话的营销及其监测功能

通话营销不仅仅只限于移动电话，固定电话也可以，这种模式最早出现于20世纪80年代的美国，一方面电话营销，就是有针对性地拨打大量电话，推销企业的产品，有意向的用户作为重点维护对象，从而达成营销的目的；他的监测功能是指，通过直接与顾客的通话交谈来了解他们对于企业及其产品的看法，从而自我改进，现在电话销售已经淡化，主要目的是收集反馈信息。

移动电话营销，基本的框架是呼叫中心、客户服务中心、接线工作人员，采取的营销模式是直接销售、数据库营销、一对一营销。移动电话营销是利用当今先进的移动互联网和手机通信技术，与客户通话，能够帮助企业实现精准的客户群定位，并且有计划、有组织地扩大顾客群。在通话的过程中经常通过一些活动和奖品，提升客户的满意度。当然移动电话营销的反馈功能也不可小觑，商家完全可以通过一些简短的调查，完善用户的资料，从而实现客户的详细分类。

2. 短信的营销及其监测功能

短信营销的作用我们也不能完全否定，虽然有一部分人不愿意被动的接受信息，但是他们也可能回复一些他们感兴趣的信息，手机短信群发，具有覆盖范围广，用户基数大等特点，可谓是“广泛撒网”的营销典范。

短信营销需要注意以下几点，企业的短信不能是强制性的，否则只会招致用户的反感，另外，在短信发送的过程中，有必要通过一些活动争取与用户互动起来，比如一些有奖问答和竞猜等，只有有了反馈才会产生监测的效果，企业只有得到客户的信息，再将这些信息汇总统计，就能够时刻了解用户的动态，也很容易博得用户的好感，这些对于营销无疑是便利了很多。

3. 邮件的营销和监测功能

邮件相对于通话和短信，限制条件就比较多，首先要满足以下三个条件，方能进行营销。

首先，用户的认可。只有得到用户的事先认可，企业发送的邮件才有宣传和营销的意义。

其次，网络的传递。手机电子邮件是通过利用移动网络进行传递的，手机用户的电子邮箱也是唯一的、真实的，手机电子邮件必须要通过移动网络进行传递。

最后，信息的价值性。这一点不言而喻，企业不能盲目的群发，这就叫垃圾邮件，企业发送的邮件一定要有针对性，对客户有价值，这样客户才不认为是骚扰邮件。

也只有做到这三点，而且是缺一不可，才能顺利地做到邮件营销。所谓监测，因为用户选择接受企业的营销邮件，就代表客户对你的认可，所以是一种有效的监测手段。

案例：康师傅“传世新欢”移动营销案例

现在是一个需要实时互动沟通，才能赢得消费者稀缺赞誉的时代。现在是一个以消费者为主导，消费者自主选择、分享、反馈以及传播信息的时代；现在是一个广告形式创新和广告投放的细分从“精准到群”

的需求升级为了“精准到人”的时代。在这个时代里，媒介的碎片化带来消费者广告接受习惯的多元化，单一的媒体或媒介投放将无法满足企业整合营销传播的需求。

康师傅“传世新饮”酸梅汤移动整合营销活动之所以能摘得“2010—2011 年艾瑞效果营销”大奖，获得了业内专家高度的评价，之所以这个活动能获得如此的成功，与其顺应时势，率先开始行动是分不开的。康师傅积极探索移动营销新模式，让年轻用户在体验到移动营销的非凡效果的同时，也能通过即时的互动沟通获得对康师傅品牌的新鲜记忆。

当下经济热、国学热、养生热为流行主题，康师傅“传世新饮”饮品的产品理念正是倡导健康与时尚融合，把传统养生理念与饮品新工艺结合，希望让年轻人畅快地喝出“新未来”，提升他们的品牌的忠诚度。现在手机是连接当下消费群体最佳的载体，他们通过手机接受信息，甚至互动娱乐，目前他们在手机上花费的时间甚至比用 PC 互联网的时间还要长。这意味我们要实现对年轻族群精准的广告投放，营销思路就必须转型，变得更加活跃、互动、即时参与、充满乐趣。

对于康师傅传世新饮而言，知名度已然不是首要目的，消费者的信赖才是最重要的，消费者喜欢玩乐于参与的才是“给力”的。为了更好地覆盖康师傅的目标用户，国内领先的全方案移动广告服务提供商——百分通联在服务于康师傅“传世新饮”的过程中，选择了将时下最受年轻人欢迎的手机位置化“签到”与 APP（应用程序）互动小游戏相结合，融入暑期营销活动。

消费者接受“签到玩游戏　创饮新流行”任务后，通过手机在活动现场和户外广告投放地点签到，就可获得相应的勋章并赢得抽奖机会，就有机会获得手机充值卡、iPad 2 等大奖。边玩游戏边拿奖品，消费者大呼这次活动真是“给力”。

为了能够让消费者更好地了解酸梅汤的工艺和制作流程，百分通联为康师傅量身定制了一款“传世寻宝”手机游戏，把康师傅品牌写入了游戏的角色中，要求玩家完成一项又一项任务，最终做出酸梅汤和酸枣汁，也让消费者在游戏中自然而然地了解了酸梅汤制作的工艺以及生津止渴的功效。游戏一经上线，便迅速在年轻人当中传开，一些潜在的用户也通过 APP 小游戏聚拢在这个平台上来。在传播方式的选取上，此次活动的精彩之处在于打通了微博、论坛、彩信手机报刊广告、彩信等方式，进行立体化、全方位地推广，巧妙地展示出康师傅传世新饮“经典口味　创新发展”的品牌内核。以上一系列的创新整合的移动营销手段，配合 LBS（基于位置服务）站内推广、微博转发、SNS（社会性网络服务）软文传播、BBS（电子布告栏）论坛传播的推波助澜，增强了活动的曝光率和参与度，将这次活动的营销效果放大到了极致。

据康师傅数据统计，在西南地区通过各种形式和途径参与本次活动的超过十多万人，其中参与 LBS 签到的就有 5 万人，3 万人在微博上转发和分享了本次活动。

康师傅“传世新饮”全方案移动广告服务提供商——百分通联华南区总经理韩涛说：“康师傅‘传世新饮’整合营销案例在艾瑞年会上获奖，对于我们而言既是肯定，也是鞭策，为广告主提供全方案、更具效果说服力的广告服务是百分通联一如既往的追求。百分通联认为，移动营销对于企业而言的核心价值体现为‘精准、互动、整合、衡量、贴身、关注’这六点，也就是我们一直在倡导的移动营销 6A 法则。将移动营销手段与现有营销方式打通联动，结合企业的个性化需求，创意策划出更多更精彩的移动营销服务案例，推动企业对于移动营销价值的认可和提升，是我们必须脚踏实地努力的目标和方向。”

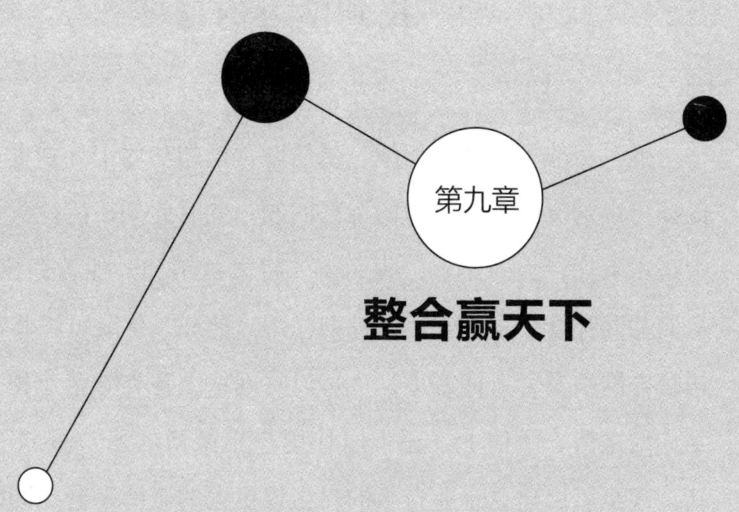

第九章 整合赢天下

找到学习的榜样

孤军奋战不如并肩作战，虽然微营销的功效十分强大，但它并不能保证可以解决企业营销中的全部问题，此时此刻，传统营销在企业营销中还占有比较大的比重，我们需要将微营销和其他营销模式相互整合，从而共同配合，发挥它们的综合作用。比如，你既可以将微博嫁接到公司官方网站及官方博客上，也可以将网络上各类与企业相关的信息分享到你的微博、微信上，还可以让用户用微博的账户登录企业的官方网站，甚至可以建立企业自己的自主权更大的微博平台。同时，需要将微博与各类线上与线下渠道相互配合、相互协同，还可以将微博与线下商业活动相配合，企业只有将微营销和其他营销方式整合起来，进行整体运营才能达到优势互补的效果。

说起来容易，但做起来没那么简单，企业要想做到各种营销手段的整合，首先需要对那些已经成功转型的企业的成功经验进行审视，以此为榜样，这样才能够少走很多弯路。

要说到成功整合营销手段的案例，我们不得不提到四年一度的全球狂欢盛会——奥林匹克运动会，它是真正的全世界人民的视觉盛宴，奥运会上各国的奥运健儿通过激烈角逐，为国争光，同时它又是一个巨大的商业活动。说到商业活动则就离不开营销，面对市场经济的活跃，谈到营销，奥运会营销人员首先提出的自然是组合营销手段，这是因为奥运会的受众是全世界人们，受众比较广，而且，成功的营销活动，应该尽可能多地运用多种感官去刺激目标人群。而各种刺激的途径的目的也是不一样的，有些是为了告诉他们某些信息，有些则是要说服他们接受某些观点，有些则是为了让他们通过体验来验证他们的想法，从而加深印象，有些则是要借助他们感兴趣的事件或人物、事物吸引他们的注意力。

拿奥运营销来说，比较常用的手段是渠道营销、电视营销、网络营销、公关活动和微营销，还有火炬接力、体验中心、接待计划等。

选择整合营销手段主要思考以下几个问题。

第一，在选择这些营销组合手段时，要注意考虑结合该活动事件，目标人群最关注的媒体有哪些？他们最喜爱参加的活动有哪些？最能激起他们购买企业产品的活动是什么？同时要考虑企业和品牌在多大程度上要融入该活动的元素，在哪些信息上融入该活动的元素比较的问题。

第二，要考虑最能融入该活动的元素的手段是哪些，有针对性地考虑这些工作。

第三，有哪些营销手段是你的企业平常不经常采用，而在活动中可以作为“秘密武器”而赢得市场竞争优势的。

第四，由于有众多企业在同场竞技，你还要考虑最能区别于其他企业的手段是哪些，在选择这些营销手段时，要将每种手段与所服务的策略放到一起来审视，从而形成一个最佳组合。每一个手段要服务于某个策略。

拿奥运会来说，比如，某企业的策略之一是通过赞助奥运会强化企业与全国重要商业客户的关系。那么，相应的手段可以有：观赛时客户接待计划配合企业展示中心项目；如果该企业的策略是通过赞助活动，让企业的品牌成为消费者心目中喜爱的品牌，手段可以有：赞助消费者最喜爱的体育明星做代言人、用大家最想要的门票作为促销奖励给消费者等。实际上这些手段也就是你的整合营销活动计划。

要想做好营销整合，首先还是要保证那个最基础的问题，就是打造最好的产品质量，只有产品好，才能得到广大消费者的肯定，产品才能在消费者人群中形成口碑传播，不论是传统营销还是网络营销还是现在的微营销，其目的都是要促成一传十、十传百的宣传效果，形成消费者对企业品牌的认同，企业的整合就能够取得良好的开端。其次我们需要打造组合式营销，要从消费者群体入手，通过对客户群体特点的分析，选择采用哪种作为最主要的营销方式，哪种方式配合这种方式。

万事开头难，消费者只要接受了企业的整合模式，就等于接受了企业品牌本身及其产品和服务，从而形成稳定的客源，促进企业的稳步发展。

维持渠道的平衡

大多数企业在涉足各种营销手段的整合过程中，总会遇到这样一个关键的问题，那就是如何管理渠道平衡问题，营销手段的整合中最重要的整合手段就是渠道的整合，只有将其转化为全渠道运用，企业的营销整合才能说是成功的。

1. 渠道之间的冲突有两种形式

(1) 网络中间商和传统中间商的冲突

比如新华书店和网上经销商亚马逊、当当网之间的矛盾，这是因为他们这些渠道在业务上会形成交叉，由于网络的中间商覆盖着更大范围的潜在用户，这便形成了客户群的重叠，解决的办法除非网上卖的产品和线下渠道销售的产品是完全不同的，面对的消费者是完全隔开的，否则这种渠道的冲突必将存在，而且因为中间流程的减少，提供的价格更加的便宜，购买过程更加的便捷，实体店销售就不一样了，除了承担这种成本之外，还要担负着产品销售不出去、利益亏损的风险，鉴于这些极大的优势，这样就会对原先传统经销商的客源受到威胁。

（2）企业直销与传统中间商的冲突

例如海尔在通过传统电商连锁企业销售电器产品的同时，同时也组建了自己的电子商务公司，销售自己的电器产品，那么这两者肯定存在冲突，企业直接面对消费者，和消费者建立联系，这间接的否定了中间商存在的意义，从而威胁中间商的生存。

2. 维持渠道平衡的方法

企业通过新兴商业渠道，在销售产品的同时，即便是销售不佳，对产品和企业的品牌也起到宣传的效果，从这方面看，新兴商业渠道正面协助传统渠道销售，另一方面传统渠道能给消费者带来体验，这一点也促进了新兴商业渠道的销售，其实，渠道的整合，才是企业应该考虑的方向。

作为营销渠道的整合企业，应该如何破解以微营销渠道为首的新兴商业渠道对传统渠道的抵触，以及传统渠道对于新兴商业渠道的反感呢？

（1）选择新兴商业渠道与传统渠道相整合的策略

其实，新兴商业渠道不但是传统营销渠道的补充，而且还是传统渠道的延伸，通过两者的整合来实现：“线上的客户线下做”，通过线上客户信息的收集，采用精准的营销策略，让企业明确传统的商业渠道应该怎么做，不断推出令客户惊喜的产品和服务措施。另外，还要实现“线下的产品线上推”，主要通过利用网络先进的多媒体手段，将企业

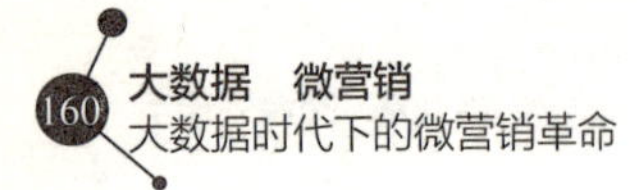

产品功能和信息上传，让顾客可以全方位、多角度地了解产品功能和相关的咨询，弥补传统渠道的不足。

（2）采取网络直销渠道和网络营销间接渠道相整合策略

为实现销售利益最大化，还需要同时使用网络直销渠道和网络营销间接渠道。一方面，应尽早规划和建立企业自己的网站，采取有效的措施提高网站的吸引力和访问量；另一方面，应积极利用网络权威中介的信息服务、广告服务和撮合服务，扩大企业的影响，开拓企业产品的销售领域。

随着时代的变迁，营销模式的发展，现在的大趋势正是，新型商业渠道向传统渠道发展的苗头，传统模式也在向新兴商业渠道靠近。例如淘宝网作为最典型的网络渠道，即便是强大的淘宝网，也正在寻找新的出路，建立自己的联合渠道，从而节约大量成本，以积极应对物流、仓管等开销较大的支出。为此渠道的平衡是大势所趋，只有渠道并存的时候，两者的优势才能形成互补，不至于被时代所淘汰。

搭建以消费者为中心的移动互联平台

维持渠道的平衡，可以节约大量成本，优劣互补，达成企业利益最大化，线上宣传线下销售无疑是最科学最有效的方式之一，要想做好线上宣传核心问题无疑是搭建以消费者为中心的移动互联平台，也就是前面我们反复提到的微营销互动平台。在这个平台上，企业可以对自己的产品和品牌信息进行展示，更重要的是作为一个客服平台，与消费者互动，收集消费者信息，解决消费者所提出的建议和意见。所以，搭建以消费者为中心的移动互联平台，对线上宣传乃至整合营销活动都是有极大作用的。

上面我们也介绍过，现在是一个以消费者为主导的市场经济时代，是以人为本、以客户为中心的营销时代，搭建移动互联平台必须打造以消费者为中心的平台，只有这样才能博得消费者的好感，建立企业的正面形象，树立良好的口碑，从而将消费者带进自己的销售漏斗，达成交易。

一场完美的营销活动，其成功必须基于与客户的接触上，客户的接触点有哪些？客户接触点在哪里？多接触点和多渠道是唯一的选择，现在客户面对日益丰富的商品市场，早已经眼花缭乱，他们不再按部就班地行动，而是在不同的营销渠道中自由进出，现在更多的客户不再那么容易迅速下单，他们对消费的抉择更加谨慎，首先他们会选择通过移动互联平台与你达成沟通，经过一段时间的沟通，对你足够了解，再做出自己的决策，比方说，当客户在一家媒体上看到你的广告，当然他们不会立即留下他的联系方式，而是进入行业点评论坛或者你的官网浏览关于你企业的所有信息，对你有了充分的了解后，方能决定留下他的联系方式，允许你与他接触。

沟通的第一步不是我们去说，而是耐心倾听客户的声音，你需要明白的不是你如何与客户沟通，而是客户愿意如何与你沟通，戴尔建设网络社区的第一步就是倾听客户的声音，任何人的交流也是如此，众所周知，社交媒体已经成为与客户沟通最佳的平台，比如微信和微博。

1. 建立以消费者为中心的移动互联平台的好处

首先，建立移动互联平台的企业无疑具备很强的亲和力，而亲和力在关键时刻，完全可以向竞争力发生转变。试想，一家企业只是循规蹈矩地在网上做营销，每天发布大量的产品信息和品牌介绍，可是接收者并不买账，把你所提供的信息作为垃圾信息来处理，那么你所做的都是无用功，这并不能完成与消费者沟通的任务；另一家企业虽然他们发布的信息往往和企业关系不大，接收的人群也不多，但是通过社交的方式，与每一个受众都打成一片，力争做到与受众做朋友，这样一旦这些受众选择购买产品和服务的时候，就会选择你这个“朋友”而不是那个整天骚扰他的人，这样选择也会具有很明确的倾向性。

其次，建立有效的沟通，轻松得到用户反馈。第一条我们讲的是寻找客户方面，只有消费者真心信任一家企业才会与其建立有效的沟通。在销售之后，企业往往都希望通过有效的沟通，达成二次交易，这样要做的就是调查一些消费者的消费感受以及对企业本身及其产品的看法。如果前期沟通做得不够好，即使达成交易，消费者也不愿意花费时间去帮你填企业的问卷，甚至连短信都懒得看就删除了。通过移动互联平台，消费者不但愉快地与你完成消费，经过良好的产品体验，有的时候无须主动询问，消费者就会通过便捷的沟通方式将此次消费情况反馈给企业，这些信息对企业意义重大，有利于企业资料库的建立，以及自身问题的更正。

2. 搭建以消费者为中心的移动互联平台的注意事项

信息发布体系。企业所发布的信息不需要是最快的、最全的，但是必须要是最真实的，在定期发布的产品信息、优惠降价、活动通知的时候，不能带有虚假信息的成分，由于是互动沟通平台，当然发布的信息要有足够的吸引力，能引起消费者的兴趣，上面我们也提到过，在这里就不再赘述。

售前咨询体系。与消费者直接接触的体系之一，良好的售前咨询做支撑，对消费者的需求有充分的认识，为用户答疑解惑，从而消费其购买的顾虑，与企业取得良好的联系。

售后服务。消费者购买后出现问题，及时解决消费者的问题，并满足他们的合理要求，需要退换货物，则要第一时间联络物流，完成退换工作。

企业的营销沟通，是建立在一个立体化的网络互动平台上的多方沟通，这里包含着企业运用各种沟通手段来接触中间商和消费者，中间商再利用网络互动平台直接接触消费者，同样消费者也可以通过网络互动平台与其他个人和组织之间进行口头传播，不同群体之间也可进行信息沟通反馈。在现代营销活动中，只有充分利用这样的营销沟通平台，才可能使得企业的沟通取得预期效果。

注重与商家互动沟通

建立移动互联平台的目的是与消费者一起互动，从而让消费者从旁观者变参与者，从交易天平的弱势变为强势，共同设计、开发、销售企业产品。在营销中，企业间是不是应该还是各自为政？回答这个问题之前我们首先要弄清楚一个问题。

现在企业之间是一个什么关系？曾经在一本书中看过这样一个理论，感觉非常有道理，现在是一个大数据时代，企业不是单个的企业，它属于一个产业链，比如拿移动营销来说，包括商家、运营商、软件开发商、网络服务商、网站管理者、媒体平台、搜索引擎等。这只是企业纵向的联系，在企业横向的联系上就是商家与同行业的企业有一定的联系，他们可以在这个平台上分享自己的资源，获得自己需要的资源，从而建造一个竞争力很强的企业圈，与其他产业链的企业圈进行竞争。

任何一个企业，不论大小，如今在国际商务中的参与程度以及受影响的程度都是前所未有的。随着追求效率、寻求开发而无管制市场的运动席卷世界，现代经济史上空前的全球经济大繁荣即将出现，在此基础上，将形成一个统一的全球经济和国际市场体系。不管你的企业是否愿意，企业之间的竞争已经不是企业与企业的竞争，而是产业链与产业链的竞争，企业的一切活动都要归结于产业链，当然也包括营销。

既然企业与企业有这样的关系，所以企业做营销也不是孤军奋战，而是身处一个巨大的营销产业链中，这一产业链关系到各方面利益，想将营销真正进行到底，就必须让各环节都享受到营销带来的好处。

企业做营销必须注重每一个环节，与每一个环节取得有效沟通，让营销的效果最大化。假如各自为政，不与其他企业相联系，不仅有可能导致营销效率低下，甚至还有可能出现一些致命性的错误。比如，某一家网上淘宝店做营销，营销的各个环节做得都很到位，不论是网站广告还是与用户交流都非常顺利，达成交易后，商家迅速发货，客户也通过支付宝付款，眼看货到款到，这个营销就会很成功。可是，客户在收到货物后，立即来电要求退货，并果断给了商家一个大大的差评。要求退货可以弥补，可是这个大大的差评，懂得淘宝的人都知道，这是一个大大的污点，事情的原因是客户发现自己订的货物在还没到家前就损坏了，购物的心理我们都知道，都很想早点看到自己所挑选的商品，这一下发现破损，购物体验也自然荡然无存，更别提给你的产品口碑传播了，可见这是一个多么失败的营销活动，事情的原因不是商家的营销活动工作做得不好，而是没有与其他商家，在这里就是没有与物流公司建立沟通，没有告知他们这是一个易损坏物品，要轻拿轻放，物流也就没有相应的保护措施，商品损坏暂且不论是谁的责任，但是这次营销的失败肯定会给那家淘宝店深刻的教训。

前面我们提到过全方位立体营销组合，一方面是讲企业使用的营销方法，另一方面是说企业与其他企业合作所进行的营销。一家企业的力量是单薄的，如果集结同行业的其他企业共同营销，对于整个产业链的宣传效果可见一斑。比如，一家企业与某网站合作，借助这家企业的平台，共同推出某项活动，活动的奖品则由这家企业承担，双方都可以起到聚集人气和流量的效果。营销中应该与其他企业建立沟通。

目前的微营销互动平台不仅是企业与客户沟通的平台，当然也可以作为企业与企业沟通的平台，通过这个平台，企业很简单就可以将每一个具体的营销细节传达给自己的下家，并将收到的营销信息反馈给上一个环节，保证每一个环节都不出错，作为产业链中的一员，无论你是什么类型的企业，要想感受团结的力量，整合都是急需解决的问题。

以市场为基准重新定位

企业一旦选定了目标市场，就需要在目标市场上进行产品的市场定位。市场定位作为企业营销策略中的一个重要组成部分，他所要体现的是你的产品如何与众不同，与竞争者相比有哪些优势所在。世界著名的市场营销专家菲利普·科特勒认为：定位就是树立企业形象，设计有价值的产品特色，以便使细分市场的顾客了解和理解企业与竞争者的差异。具体地说，所谓市场定位，指的是根据竞争者现有产品在市场上所处的位置，针对消费者或用户对该种产品某种特征或属性的重视程度，强有力地塑造出本企业产品与众不同的、给人印象鲜明的形象，并把这种形象迅速地传递给顾客，从而使该产品在市场上确定适当的位置。

这个世界上永远不变的就是变化，市场定位也不是一劳永逸的，也要有一个不断变化和发展的过程。也许之前的市场定位，让你的企业获得丰厚的利润，但是随着时间的推移，市场的变化，各种营销方式的出现，客户需求的变化，都可以成为落后的定位，从而阻碍企业的进一步发展。尤其是，微营销和传统营销的整合，势必带来一些变化，导致了客户对企业的现状不是很了解，企业自身对新的营销目标和手段也感到陌生，这就需要重新定位，为企业锁定客户群，找到发展方向。

产品的重新定位，也称为二次定位或者再定位，是指企业通过变化产品特色来改变目标市场消费者对企业产品的原来印象，并对产品的新形象有一个重新的认识过程。对产品的二次定位通常用于对那些销路较少、市场反应较差的产品，旨在摆脱困境，重新获得增长与活力。

成立于1924年的美国菲利普·普里斯公司，当年生产的万宝路香烟的市场定位为女士专用，所以，不论是其配方还是口味特点都力争符合女性。然而，费了很大的工夫，是打不开销路，到20世纪40年代初，被迫停产。第二次世界大战结束后，美国经济开始复苏，吸烟人数也慢慢地增多，该公司认为时机已到，于是重新开始生产，装上过滤嘴，重新向女士销售。但是事与愿违，销售业绩仍在下滑，眼看“芳龄30”的万宝路香烟，依然“养在深闺人未识”，一筹莫展的菲利普·莫利斯公司只得和墨西哥的利奥·伯内特广告公司合作，希望他们能给自己带来一线生机。利奥·伯内特广告公司经过认真的调研，根据当时的营销条件，重新为万宝路香烟定位，建议万宝路香烟彻底改变其形象，洗掉脂粉味，赋予男子汉气概，使之成为男人最喜欢的香烟。这次改革使得万宝路香烟起死为生，促使1954年新的万宝路诞生。配方发生稍微的改变，包装采用当时首创的平开盒式盖，并使用象征力量的红色作为烟盒的颜色，并且用牛仔形象强调香烟的男子汉气概来宣传万宝路香烟，通过一系列的变化，万宝路香烟在人们心目中树立了一个勇敢、威武、冷酷的男子汉形象，果不其然，万宝路香烟投放市场后，一年销量提高了三倍，从一个默默无闻的品牌一跃成为销量最大的10种香烟之一，1968年成为美国第二大烟草品牌，1975年，销量跃居第一。

再定位不是简单的重复，不是将企业丢失的客户找回来那么简单，而是要求企业经过整合后对市场进行再认识，对原有品牌、产品和服务进行一定改变，二次定位不能草草了事，需要在企业深入分析自身特点和市场需求等因素的基础上，根据变化不断更新观念，适时升级原有定位的过程。再定位既适用于每个人在不同发展阶段，不同环境下的新定位，更适合于企业根据市场的变化状态升级定位，这一点甚至关系着企业的生死存亡。

通常，企业在重新定位之前首先应该考虑两个主要因素：第一个因素是企业将自己的品牌定位从一个子公司转移到另一个子市场时的全部费用；第二个因素是企业将自己的品牌定位在行为之上的收入有多少，而收入多少又取决于该子市场的购买者和竞争者情况，取决于在该子市场上销售价格能定多高等。

一般而言，再定位有以下三个基本步骤，具体操作如下。

1. 对企业的产品、服务及品牌定位，针对现状进行调查分析与形势评估

没有调查就没有发言权，只有对现状进行调查分析与形势评估，才能确定进行再定位的原因和必要性，坚定企业重新定位的决心。通过对消费者的调查，对自身的现状进行评估，调查消费者对企业产品、品牌等要素的评价，再根据调查结果，对企业现有形势做出总体评估。根据这些调查结果方能为再定位提供依据，企业还要从内、外部分析，双管

齐下进行再定位。分析产品和品牌的定位现状是必需的，同时，产品的销售状况以及未来可能的状况等，都是调研的主要内容。企业还要分析行业的竞争状况，了解到原有消费者的消费观念变化，才能进一步确立（或重新确立）企业的发展目标。

2. 仔细分析市场，锁定目标客户群

目标客户会因企业的整合发生变化，一部分因此而流失，这就需要企业根据市场需求拉回原有客户、吸引新客户。对市场进行细分，具体做法是，针对现在产品，了解到当前市场的需求是什么，调查得出数据和企业特点以及优势，确定主要针对的市场方向，从而重新锁定目标客户群。

3. 准确传播新的定位

在企业再定位的策略确立后，着手准备制订新的营销方案。这一全新的营销方案，将是企业整合后首次亮相在营销战场，必须加以重视，要对它的效果进行即时的监控，出现问题立即改正，促使其向着预想的方向发展。做这一切的目的就是将新的品牌信息、产品信息等传递给目标客户群，最终目的是要在消费者的意识中用新的企业形象取代原有定位。

追踪消费者访问痕迹，收集有用数据

泰国的东方饭店具有悠久的历史，它被公认为世界一流的城市度假酒店，这里几乎天天客满，而且要想入住还需要提前一个月预约。

泰国曼谷比起其他很多城市，无所谓发达，东方饭店相对于其他饭店也无所谓设施齐全，可为什么能经营出如此优秀的业绩，这到底是靠什么呢？

请看真实的案例。

一个朋友到泰国出差，下榻到东方饭店，优雅的环境和气氛首先给他留下了深刻的印象，随着时间的推移，入住的几个细节让他很快成为这个饭店的忠实客户。

他刚进入这家酒店，只见迎宾小姐面带微笑地走过来，恭敬地说道："李先生，欢迎您来泰国。"他就很奇怪，"你怎么知道我姓李，我们认识吗？"迎宾小姐说："您一年前入住过我们的酒店，你刚踏进大门，我们的系统就告诉我们您的准确身份信息。"李先生大吃一惊，他住过无数高级酒店，但这样的情况还是第一次遇到。

第二天李先生走进餐厅，服务小姐微笑着问："李先生，你还是要老位置吗？"他很惊讶我是一年前在这里吃过饭，难道这姑娘记性这么好，看着李先生惊讶的表情，那位服务小姐解释道："我查过电脑资料，您在去年的8月8日在靠近第二个窗口的位子就过餐，吃得东西是一个三明治，一杯咖啡，一个鸡蛋。"李先生听后兴奋地说："老位子、老菜单，哈哈。"

对于李先生来说，东方饭店无疑给他带来很好的消费体验。国内很多快递公司也会因为之前你曾经在他们那里下过单，记录下你的信息，再次下单的时候，你就会很轻松，给消费者良好的消费体验。其实这些都是数据收集的功能，大数据时代，正是对这些数据的收集、整理、运用的便捷性，促进营销的高效率。在这个时代，我们在营销的过程中可以很轻松地得到售前反馈、购买后的反馈意见等大数据，对这些数据的收集，不但有利于企业下阶段的营销环节，也能完善其数据库，丰富营销手段。

数据对于企业来说非常的重要，除了能带给忠实客户良好的用户体验，对企业营销来说，通过丰富的数据库，可以找到精确的用户，并且可以针对这些精准的用户提供个性化的产品，比如客户对产品的外观、功能、价格等有不同的需求，就可以针对不同的需求采用不同的营销手段，这样有针对性的营销，营销效果自然成倍增长。

另外，企业并不能保证制定的营销策略都是正确的，毕竟这些策略只是根据理论上的分析和市场营销的固化模式来进行的，不能保证后期营销能够被大部分用户所接受。企业只有根据消费者的访问痕迹，收集到数据，才能制定出一套更为完善、更有针对性的营销策略。所以说，完善的数据库还有利于企业进行营销调整。

当然，一些企业并不具备收集用户使用痕迹的能力，或者收集的不够全面，但是只要企业之间建立合作，将自己搜索的大数据，分享到相应的微营销互动平台上，通过大数据的综合分析，就可以得到消费者真实的、全面的信息。这种抱团合作，实现对用户具体数据的统计，企业只需要加入进来，再加上自己的分析和判断，不难得出一些有用的信息，从而实现对于消费群的锁定。

案例：特斯拉新媒体整合营销案例

当通用、福特甚至宝马等汽车巨头在开发新能源汽车一筹莫展的时候，一家风格另类的后起之秀却在不被看好的情况下，活得越来越风生水起。

硅谷工程师、资深车迷、创业家马丁·艾伯哈德（Martin Eberhard）在寻找创业项目时发现，美国很多停放丰田混合动力汽车普锐斯的私家车道上经常会出现些超级跑车的身影。他认为，这些人不是为了省油才买普锐斯，普锐斯只是这群人表达对环境问题的方式。于是，他有了将跑车和新能源结合的想法，而客户群就是这群有环保意识的高收入人士和社会名流。

2003年7月1日，特斯拉汽车公司正式成立并将总部设在了美国加州的硅谷地带。特斯拉创建时只有一个理念，那就是用“硅谷”的方式而非“底特律”的方式去彻底改变乃至颠覆传统汽车制造行业，改变汽车营销方式。

随着互联网尤其是移动互联网的发展，传统企业减少传统媒体的广告投放，转向新媒体营销，现代营销学之父科特勒指出营销进入新媒体时代，在未来企业都会转向新媒体进行营销，特斯拉电动车成为营销史上一个耀眼的明星，它是如何借势互联网新媒体进行全面的整合营销，在这里为大家揭秘九大关键点。

1. 互联网思维做产品

之所以采用“硅谷”的方式而非“底特律”的方式，是因为特斯拉的体内有着硅谷的基因，它以互联网思维为核心，最终特斯拉成功颠覆汽车的传统，造出一辆市场认可度极高的纯电动车，特斯拉汽车没有发动机，但是他却拥有超过法拉利的速度，不需要加油，却能续航行驶502千米，表面上看特斯拉汽车不过是一块电池 + 四个轮子 + 一个电脑，其实特斯拉汽车带给用户的是极致的用户体验，就像苹果一个将硬件和软件做到无缝对接，它卖的不是产品，而是去创造超越用户预期的极致体验。

2. 线下体验网上经销O2O模式

特斯拉的经销方式也尽显他的互联网思维，特斯拉坚持网上直销的模式，对于传统的汽车销售，这一点简直无法想象，买车试驾都是必要的。特斯拉线下设置面积较小的展示厅，用户可以到这些展示厅直接体验，然后通过网上直销极大地简化购买过程，使汽车消费进入标准化菜单和个性化定制相结合的阶段，特斯拉的调查发现，至少80%以上的客户都比较喜欢网络直销的购买方式，因为直销可以让用户直接面对企业，提出自己的需求，特斯拉没有经销商网络，所有车都是从工厂直接寄到客户手中，购置特斯拉汽车的第一步是在线预订，可以在线下的展示厅进行体验和感受，这样将用户体验提高到极致还可以减少中间的成本。

3. 创始人品牌

特斯拉的创始人马斯克是个奇才，一直被称作钢铁侠的化身，他创建了世界上最大的在线支付服务公司“贝宝（PayPal）”、最成功的豪华电动车企业特斯拉汽车公司和世界上第一家私人太空运输企业太空探索技术公司（SpaceX），这三家公司的产品，都可以说影响着世界的发展，用创始人品牌去推动公司和品牌的推广。

4. 明星效应

购买特斯拉汽车的全都是明星，科技明星、企业明星、娱乐明星，在首批1000名客户名单中，其中包括谷歌的两位创始人、电影明星施瓦辛格等社会名流，有人夸张地说，这份客户名单拷贝了全球财富榜，在中国9名企业高管成为其第一批用户，包括汽车之家总裁李想、新浪CEO曹国伟、著名央视电视制作人张涵、UC（一款浏览器）优视董事长兼CEO俞永福等，就连小米的CEO雷军也订购两辆Model S（车名）。这些明星是社会上最具有影响力的人物，整个行业的意见领袖，他们所产生的品牌示范效应是非常大的。

5. 粉丝专区

互联网营销离不开与粉丝的互动，在特斯拉的官方网站上有个爱好者的专区，分别有博客、论坛、和用户故事、图片和视频、活动的通知，通过官方博客发布企业最新的动态，用户故事让真实的用户来展现使用体验，图片和视频展现每一个细节让用户感受，活动主要是用户在线下体验，通过论坛让用户讨论交流体验和使用中的问题，官方也可以在上面给用户进行解决。

6. 新媒体平台

在国外主站的下方有 Twitter（一个社交网站）和 Facebook（一个社交网站）及 Google（谷歌） + 及 Vimeo（一个视频播客网站）高清视频的主页，这些都是在国外最流行的社会化网络的平台，通过这些平台与潜在的消费者进行信息的发布和交流互动，另外在中国版的页面上有微博和微信的官方账号。微信作为中国最具有影响力的社交媒体平台，许多热门话题都是从上面炒起来的，微信公众平台，可以作为用户管理和消息发布的平台。

7. 会员营销

特斯拉的官方网站具有很强的营销型，他提供了会员的注册功能，在他们的网站上不管是了解还是订购，让用户提交有效的邮件和电话，以后给用户推送邮件和短信来进行数据库营销，特别是在国外邮件营销中排名在第一位的。

8. 跨界结合

与科技界和娱乐界进行结合，是众多企业营销的另一个有效方法。马斯克的朋友、电影《钢铁侠》的导演乔恩费夫洛说，在将漫画英雄人物、制作了飞行盔甲的花花公子发明家托尼史塔克搬上大荧幕时，他头脑中想到的人物原型就是马斯克，与热门的电影进行结合，将科技娱乐化结合的效果做到最大化。在中国，马斯克出席 2014 年极客公园创新者峰会，参于央视的对话栏目；在中国陈欧为自己的公司代言，各大企业的老总纷纷登上电视荧幕，与娱乐结合。京东的 CEO 刘强东也和奶茶妹妹成为一起玩耍的小伙伴。在互联网时代，想吸引更多的眼球就要跨界。

9. 饥渴营销

营销就像办演唱会，前期宣传极力的烘托有哪些亮点节目，有哪些神秘嘉宾，然后千呼万唤始出来，到演唱会那一天再大爆发，我们称之为饥饿营销。饥饿营销在乔布斯的苹果时代运用是比较多的，通过限量或限时尽可能地引起用户的关注和注意，可以极大地激起消费者的购买欲望，特斯拉被称为汽车中的苹果品牌，也采用同样的策略，宣称不是你有钱就能买到，还需要长时间的等待，这比“雷布斯”的小米等的时间还要长，当然并不是所有的产品都可以这样，必须具有高体验或性价比高的产品才有让别人等待的筹码。